手話を学ぶ人のために

～もうひとつのことばの仕組みと働き～

はじめに

人間は生物学的な特質として、言語をもって生まれてきます。それゆえ、人間は正常な社会化の環境が整えば、言語を獲得せざるをえないのです。失聴はこの言語獲得能力とほとんど関係ありせん。聞こえの喪失は話しことばの習得を困難にしますが、そのかわりに手話の学習をうながします。手話は人間のもうひとつのことばなのです。

本書は手話を学ぶ人に向けたものです。手話のことをよく知ってもらいたいという願いを込めています。手話は長らく言語として認識されていませんでした。言語学者は手話の言語的特徴を研究していますが、その知見は広く行き渡っているとは言い難いです。本書では、言語学と社会言語学の観点から、手話とはどういう言語かについて、分かりやすく説明しています。

21世紀は手話のルネッサンスを迎えています。ろう者に対する一般社会の理解は深まり、手話に興味をもつ市民が増えています。地方自治体は「手話言語条例」を制定し、行政面で手話を支援する態勢を整えつつあります。手話通訳のニーズは高まり、手話検定の受験者も増加しています。本書が手話に興味をもつすべての方々にとって、少しでもお役に立てればと願っております。

なお、本書に登場する手話は主として、『わたしたちの手話 学習辞典』Ⅰ・Ⅱ（全日本ろうあ連盟発行）から採用しています。この辞典には、日常生活で使われるほとんどの語彙が掲載されています。本書にあわせて、大いに活用してください。

最後になりましたが、本書の出版にあたっては、全日本ろうあ連盟事務局長の久松三二氏に大変お世話になりました。また、同連盟本部事務所の編集担当の方々にも大変お世話になりました。あわせて感謝の意を表します。ありがとうございます。

本名信行
加藤三保子
2017年6月

目　次

《手話のイラスト》
☆のある手話のイラストは、本書編集のため独自に作成したものです。その他は『わたしたちの手話学習辞典』Ⅰ・Ⅱ、『新しい手話Ⅰ』、『わたしたちの手話』初版よりの転載です。

第1部 ▶ 手話ってなに？ どのようにできているの？

手話は動作視覚言語です。そのために、音声聴覚言語といろいろな違いが生じます。手話は言いたいことを動作で表現します。ときに単なる身振りと思われがちですが、けっしてそうではありません。ここでは、手話の「語句」がどのようにできているかを見ながら、手話という「ことば」の特性を考えます(注1)**。**

第1章 手話は世界共通？

手話は世界で共通と思われがちですが、それはまったくの誤解です。手話は見よう、見まねの表現ではありません。手話はれっきとしたことばです。人間のもうひとつのことばなのです。ですから、日本のろう者は日本手話、アメリカのろう者はアメリカ手話を使います。

このように、各国のろう者は、その国独自の手話を「話し」ます。話しことばに日本語、英語、中国語、ヒンディ語などがあるのとまったく同じです。もちろん、発生系統の関係で、相互に類似している部分もあります。アメリカの手話はイギリスの手話よりも、フランスの手話に似たところがあるのは、そのためです。イギリスの手話は独自に発達しましたが、アメリカの手話はフランスの手話の影響を得て発達したのです。

また、音声言語ではエスペラント (Esperanto) のような世界共通言語を目指す試みがありますが、手話にも同様に、ジェスチューノ (Gestuno) という提案がありました。ただし、両方とも、それほど普及しているわけではありません。音声言語であれ、手話であれ、世界共通の言語を創造することは、きわめて困難な営みです。それは、言語は話し手の文化・社会を反映するからです。

ここで、日本の手話とアメリカの手話の「男」と「女」を比べてみましょう。日本の手話では、親指一本を立てて「男」、小指一本を立てて「女」をあらわします。アメリカの手話では、５指を広げた右手の親指を額にあてたあと、親指を胸にあてて「男」を表現します。「女」は５指を広げた右手の親指を唇にあてたあと、親指を胸にあてます。

日米の手話「男」

(1-1)「男」

(1-2)「man」☆

日米の手話「女」

(1-3)「女」

(1-4)「woman」☆

このように、手話は、各国のろうコミュニティの中で自然発生的につくられた言語ですから、その国の文化が色濃く出て来るのです。それでも、ろう者は国際交流で、独自の手話を使いながらも、初対面の外国のろう者とコミュニケーションをとっています。経験を積めば、手話は音声言語よりも意志疎通のはかりやすい言語といえるでしょう。

第2章 手話の「語句」はどのようにできているか

ところで、日本手話の「語句」はどのようにできているのでしょうか。日本手話の造語パターンは、おおむね次のように分類できます。なお、ここで「語句」といっているものは、単語と、それらを組み合わせた複合語の両方を指します(注2)。

（1）実在するものの外観や動作を表現する

（2）一般のジェスチャーを利用する

（3）漢字の外形を表現する

（4）漢字の意味を表現する

（5）日本語の身体表現を記号化する

（6）概念を空間に転写する

最近では、指文字（日本語の五十音を片手で表現するもの）を組み合わせる単語が増えていますが、ここではまず、上記（1）から（6）について、事例をあげながら説明しましょう。手話の神髄は、これらの方法に色濃く見られます。

第3章 手話の写像性と抽象性

3-1　手話と実在

手話は実在するものを模写する記号体系ではありません。ただし、きわめて限定的ですが、そういう側面もあります。その利点は分かりやすさでしょう。わたしたちは同じものを同じように見る経験をしていると、ろう者でも聞こえる人でも、その手話の意味を瞬時に理解できます。

たとえば、「木」「犬」「魚」「山」などです。「木」は両手で木の幹の形を、「犬」は耳の形を描写します。「魚」では、手を開いてくねらせながら動かし、魚が泳ぐ様子をあらわします。「山」は手で身体の前に大きく山の形を描きます。

(1-5)「木」　(1-6)「犬」

(1-7)「魚」　(1-8)「山」

しかし、いくら対象を模写しているといっても、そこには概念的な抽象化がみられます。対象を観察するなかで、その顕著な特徴を抽象的にとらえています。そして、それらは観察の重厚な経験に基づき、見事な想像力と創造力の結晶といえます。その抽象度は、実物の写真、そしてそのデッサンと対比すれば、実に明らかです。

猫の写真　猫のデッサン　(1-9)「猫」

3-2　手話とパントマイム

手話は時として、パントマイムや一般のジェスチャーと同じ種類の、見よう、見まねと考えられがちですが、それは対象描写の抽象度からいってもまったく違うものと考えるべきでしょう。もちろん、ろう者は手話による会話のなかで、パントマイムもよく使います。

たとえば、「車を運転する」などは、手話でもパントマイムでもハンドルを握り、左右に回すしぐさをします。また、「うどんを食べる」を表現するときは、片手にどんぶりを持ち、もう一方の手は箸でうどんをすするしぐさをします。これらは手話でもパントマイムでも共通しています。

では、「泳ぐ」はどうでしょうか。パントマイムでも手話でも、クロールや平泳ぎをする動作をしますが、パントマイムではそれ以外には表現方法はありません。しかし、手話では、右手人さし指と中指をのばし、身体の前にこの2本指を横に置いて交互に動かしながら、からだの外側に右手を動かします。この一連の動作が「泳ぐ」を意味する日本手話です。

このときの人さし指と中指は、ヒトの両足に見立てられています。これを交互に動かすのは、「バタ足」をしている様子をあらわします。さらに、動く方向はからだの外側に決まってきます。バタ足で水を蹴ったら、右方向（身体の外側）にしか進まないからです。パントマイムでは、このようにコンパクトでしかもロジカルな表現はできません。言語と言語以外の動作との違いはここにあります。

このように、手話の多くは物や行為の直接的写像ではなく、概念の空間的描写といった表出法をとっています。したがって、多くの手話は見ただけでは意味は感知されず、語源の説明がなされてはじめて理解されることになるのです。

事実、現在の手話は他の身振り行動に依存する度合がだんだんと減少していることに注目する必要があります。上にあげた「泳ぐ」はその一例です。同じことは「歩く」にもあてはまります。以前はまさに身体全体で歩く動作をしていましたが、今は胸の前で人さし指と中指だけを使います。このように、２本の指を交互に動かすことによって、人が歩いている様子をあらわします。

(1-10)「泳ぐ」

(1-11)「歩く」

これは、無駄な動きをやめ、一定時間内により多くの手話を使い、より多くのメッセージを伝達する必要性が、すなわち一種の情報改革がろう者の間に起きたことから成立した変化であると思われます。別の観点からみると、手話システムが作動しはじめ、描写的な模倣動作を一定のパターンに収束しつつあるともいえます。

このように２本指を使うことは、手話の記号形態として、システムに合った動きなのです。ちなみに、この２本指という手の形を利用した手話はたくさんあります。そのなかには、なんらかの意味で、ふたつという概念を含んでいます。たとえば、こんなふうです。どんなふたつか想像してください。

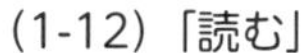

(1-12)「読む」　(1-13)「立場」　(1-14)「二枚舌」

また、胸の前で操作するようになったことは、手の位置が、確立しつつある手話の動作空間に融合したことを示します。パントマイムや他の描写的身振りは、全身を最大限に利用します。しかし、手話は頭から胸までの限られた空間を主として利用します。このことからも、手話は他の身振り行為とは別の体系であることがわかります。

なお、おもしろい例として、「100」や「%」をあらわすのに、人さし指と両目を利用した、下記のような描写動作もあります。手話が当意即妙性をだいじにしていることを示します。しかし、これらの行為は手話にとって付随的な役割を果たすのであって、手話そのものとは区別することができます。

(1-15)「100」☆　(1-16)「%」☆

第4章　「お金」の使い方と「男」と「女」の協奏曲

4-1　手話と一般のジェスチャーとの違い

手話は言語であり、一般のジェスチャーとは違います。手話の語彙のなかには、聞こえる人が日常会話で使うジェスチャーもある程度は含まれていますが、それはごく少数にすぎません。しかも、これらのジェスチャーが手話として使われると、もっと広い意味をもちます。また、他の要素と組み合わさって、より複雑な働きをします。

4-2　「お金」の使い方

たとえば、「お金」を意味する手話は一般のジェスチャーと同じ形です。しかし、これが手話として使われると、たとえば次のように、幅広く使われます。

(1-17)「高い」

「お金」を下から上にあげる。

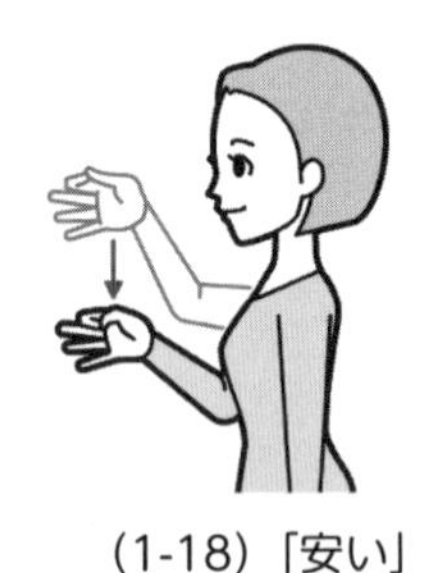

(1-18)「安い」

「お金」を上から下におろす。

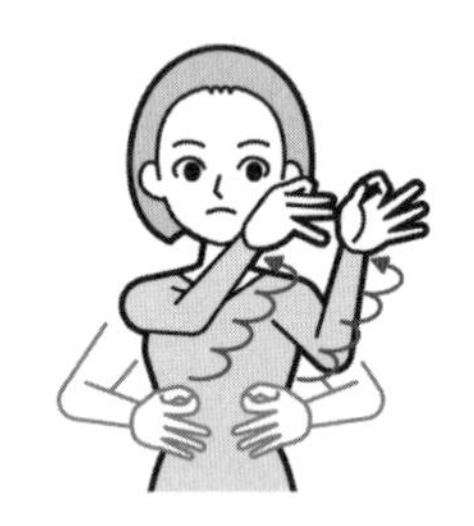

(1-19)「インフレ」

両手でつくった「お金」を徐々にらせんを描いて斜め上方へあげる。

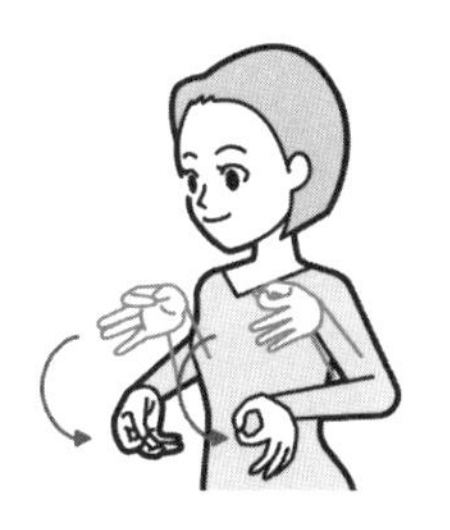

（1-20）「金持ち」

両手でつくった「お金」を肩から半円を描きながら下におろす。

（1-21）「経済」

両手で「お金」をつくり、上下で交互に円を描く。

（1-22）「給料」

右手に「お金」をつくり、額の前から左の手のひらで受けるようにして手前に引く。

（1-23）「税金」

右手に「お金」をつくり、その手を開いて指先をからだに向ける。

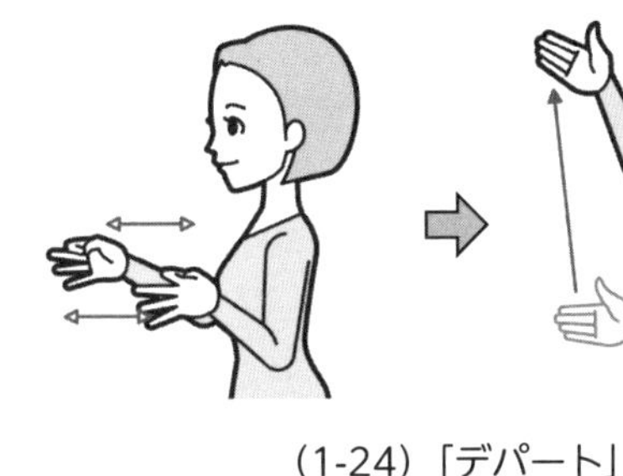

（1-24）「デパート」

両手で「お金」をつくり交互に前後させてから、両手で「建物」をつくる（注3）。

（1-25）「銀行」

両手で「お金」をつくり、同時に上下に動かす。

（1-26）「けち（んぼ）」

右手につくった「お金」を歯にくわえる。

（1-27）「使う」

左の手のひらにのせた右手の「お金」を前に出す。あらゆるものを「使う」のに使う。

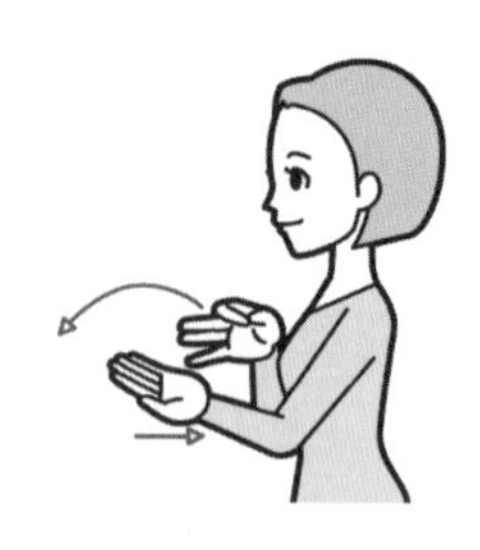

（1-28）「買う」

右手に「お金」をつくり、前方に押し出すと同時に左手を手前に引く。

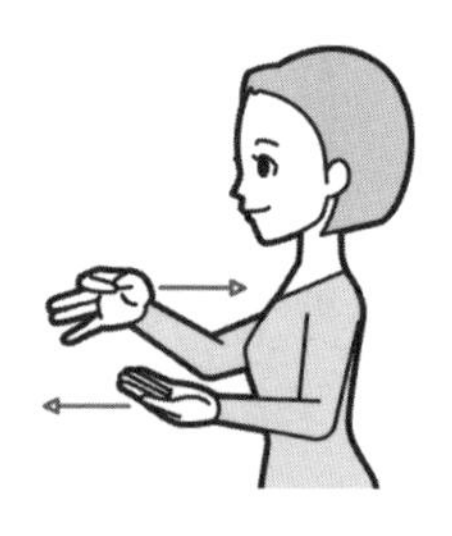

（1-29）「売る」

右手に「お金」をつくり、手前に引くと同時に左手を前方へ押し出す。

（1-30）「無駄」

左の手のひらにのせた右手の「お金」を素早く前に出して輪を解く。

（1-31）「わいろ」

左手の肘の下に右手の「お金」を押し込む。

4-3　「男」と「女」の協奏曲

手話では、「男」と「女」も、一般のジェスチャーと同じです。一般のジェスチャーでは、これらは「親分」とか「情婦」の意味が強く、あまり上品なしぐさとは思われていませんが、手話ではれっきとした「男性」「女性」の意味になります。

「男」と「女」を組み合わせると、次のようにいろいろな意味をあらわします。

（1-32）「結婚（する）」

「男」と「女」を左右から近づけてつけ合わせる。

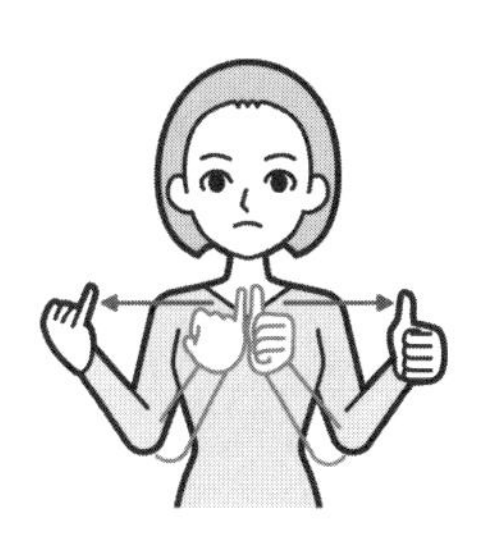

（1-33）「離婚（する）」

つけ合わせた「男」と「女」を左右へ引き離す。

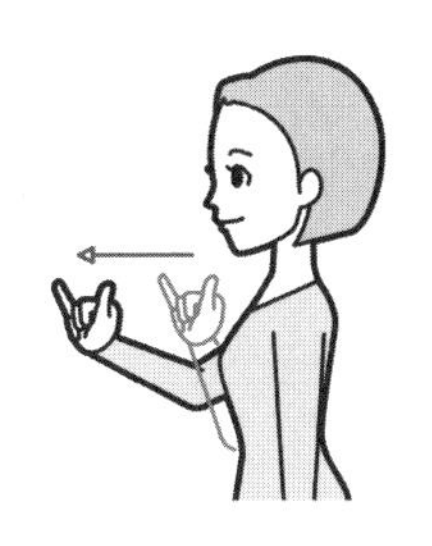

（1-34）「デート（する）」

親指と小指をのばした手を前方に出す。

（1-35）「私はプレーボーイです」☆

小指を胸にあてながら左から右に順に移動する。

（1-36）「私はプレーガールです」☆

親指を胸にあてながら左から右に順に移動する。

4-4　「夫」と「妻」

　また、親指と小指だけで、それぞれ「夫」と「妻」の意味にもなります。そして、これらを組み合わせると、次のような言い方ができます。

（1-37）「夫婦」

左手の親指と右手の小指を合わせて少し下におろす。

（1-38）「亭主関白」

右手に「夫」をつくり、その肘の下に左手で「妻」をつくる。

（1-39）「かかあ天下」

「妻」を上にして、「夫」を下にする。

4-5 「父」と「母」

そして、親族名称のいくつかも、これらの手話を利用します。

（1-40）「父」

人さし指をほおにつけてから「男」を立てる。人さし指をほほにつけるのは、特に血縁が濃い親族であることを示す。

（1-41）「母」

人さし指をほおにつけてから「女」を立てる。

（1-42）「祖父」

人さし指をほおにつけてから「男」を第一関節のところで曲げる。後半のしぐさは一般的な「おじいさん」の意味にもなる。

（1-43）「祖母」

人さし指をほおにつけてから「女」を第一関節のところで曲げる。後半のしぐさは一般的な「おばあさん」の意味にもなる。

（1-44）「息子」

「男」がお腹から出て来る動作をする。

（1-45）「娘」

「女」がお腹から出て来る動作をする。

4-6 「人間」

さらに、「男」は総称的に「人間」を意味します。

（1-46）「相談（する）」

「男」（＝「人間」）を立てた両手のにぎりこぶしを2回つき合わせる。

（1-47）「伝統」

「人間」（＝「男」）がつぎつぎに生まれていく動きをする。

（1-48）「客（が来る）」

手のひらに「男」をのせて手前に引く。

このように、手話はパントマイムやジェスチャーとは違って、語句としての言語的組織をもっていることが分かります。つまり、手話は単なる見よう、見まねの身振り・手振りと考えるのではなく、「言語」と認識するのが適切なのです。

第5章 漢字の外形を描写する

日本手話は日本人のことばです。ですから、日本人が共有する漢字を、次のように2つの方法で有効に利用します。

1）漢字の外形を利用する

2）漢字の意味を利用する

実際、日本手話で漢字の外形を利用するものは、かなりあります。たとえば、次のようです。

・片手の指を使うもの

(1-49)「一」

(1-50)「月」

(1-51)「川」

・両手の指を使うもの

(1-52)「北」

(1-53)「井」

(1-54)「中」

(1-55)「小」

(1-56)「田」

(1-57)「千」

第6章　漢字の意味を表現する

漢字の意味を利用する方法は、なかなか凝ったものがあります。「上手」は上の手と書くので、これらふたつの漢字の意味のとおりに、肩の方から上腕にそって手首へ撫でおろします。「下手」はその逆に、手首から肩の方に撫であげます。

手話の特徴として、動きを逆にすることによって、反対の意味をあらわすことがあります。ただし、「下手」は厳密には、ゆっくり撫で上げることはせず、手首の位置でパッと跳ね上げるような動きになります。この時、ろう者は口の形も「パ」とすることが多いようです。

(1-58)「上手」

(1-59)「下手」☆

また、「土曜日」は土（つち）と表現されます。ほかに「月曜日」「火曜日」「水曜日」「木曜日」「金曜日」も、それぞれ漢字「月」（つき）、「火」（ひ）、「水」（みず）、「木」（き）、「金」（きん）をそのまま表現します。

(1-60)「土曜日」

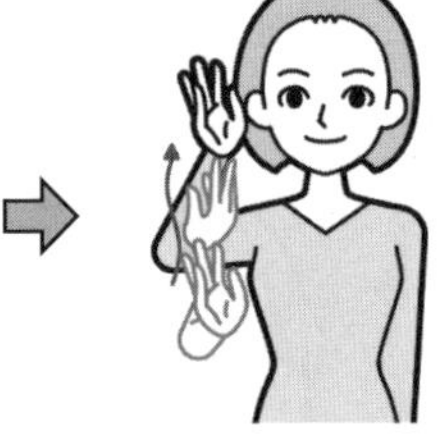

(1-61)「火曜日」

(1-62)「水曜日」

(1-63)「木曜日」

(1-64)「金曜日」

第7章 日本語の身体表現を活用する

人間は社会生活のなかで、いろいろな感情や概念をしぐさで表現するものです。もちろん、どの感情や概念をしぐさにするか、またそれをどのようなしぐさにするかは、民族によって違います。特定の文化社会に生きる人びとの共通の経験が、独自のしぐさ表現を造り出しているのです。

日本語では「頭を抱える」といいます。これは、頭が痛いときにするしぐさでしょう。また、難問に取り組んでいるときにもするでしょう。さらに、興味深いことに、このような身体表現は、そのしぐさをともなわないときにも使われ（たとえば、「交通事故の増大に警察は頭を抱えている」など）、日本語の一般的表現になっています。

もちろん、このような日本語の「しぐさことば」は、数多く手話に取り入れられています。また、日本語表現をデフォルメした手話も、たくさんあります。「待つ」は右手の甲をあごの下に置いて、あごを押し上げるようにします。これは「首を長くして待つ」からきています。

(1-65)「頭を抱える」☆

(1-66)「待つ」

「苦しい」は指先を曲げた手を胸にあてて、ぐるぐると円を描きます。これは、苦しみで「胸がかき乱される」を基にしています。「責任」は、指先を曲げた手を肩に置きます。これは、「責任が肩にかかっている」ことをあらわします。

(1-67)「苦しい」

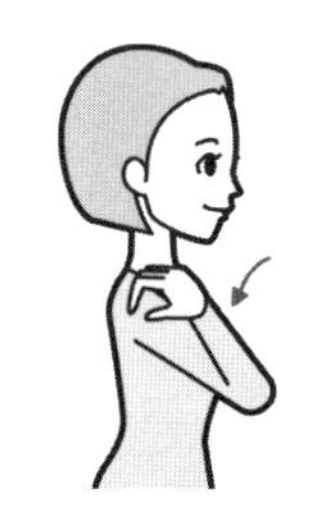
(1-68)「責任」

第8章　概念を空間に転写する

手話は手で概念を空間に転写する言語です。手話の神髄は概念（思うこと、感じること）をどのような形にするかなのです。もちろん、それは手話をする人びとが内的外的世界をどう認識しているかをあらわすものです。

たとえば、「関係」を例にとってみましょう。両手に人さし指と親指で輪をつくり、ふたつの輪をつなぎます。これは、ふたつのことがらが連結していることを示します。

(1-69)「関係」

また、「分かる」は手を胸にあてて下になでおろします。これは、ことがらが飲み込めたことを示します。

(1-70)「分かる」

そして、「癖」は手のひらを上向きにして開いた右手を閉じながら左手の甲にあてます。これは、癖が自分の身にしみついたものであることを示し、特に「手癖」などということばがあることから、手の甲でおこなわれます。

(1-71)「癖」

以上、手話の語句がどのようにできているかについて、簡単に説明しました。手話の表現パターンは決して単純ではありません。手話の語句のなりたちをじっくり見ると、ろう者の事物や事象に対する見方が数多く見られます。彼らは表現にあたって、独自の創意工夫をしているのです。

(注1)

日本語では、「手話」を手話言語と手話語句の両方に使い分けています。「ことば」も同じで、言語を指すこともあるし、語、語句、表現、言い方などの「言語」の一部を指すことあります。英語はsign languageとsignを分けるので、日本語でもそうすることは可能ですが、区別がつきにくい場合は例外として、普通は従来の使用法にしたがうのが便利でしょう。なお、「手話」は英語のsign languageの訳と考えている人もいるようですが、それは違います。「手話」は日本人の創作です。sign languageを日本語に訳すと、signとは標識とか象徴の意味ですから、「標識言語」とか「象徴言語」のようになるでしょう。

(注2)

本来、語句とは「語」と「句」のことです。「語」は「単語」ともいいます。「句」は語を組み合わせたもので、「複合語」ともいいます。「男」、「女」は語(単語)で、「男女」は句(複合語)です。なお、あとで(手話の)語彙ということばがでてきますが、これは(手話の)語句の総体のことです。ですから、手話の語彙の拡大というと、手話の語句の数量を増やすことや、語句を造り出すしくみを拡大することをいいます。

(注3)

矢印➡は一つの手話(または動作)から、別の手話(または動作)に移行することを示します。

第2部 ▶
手話の構成要素

第1部では、手話の語句のなりたちを観察しました。そこでは同時に、手話という言語形式の特徴についても言及しました。ここでは、これらの特徴を、もう少しくわしく述べましょう。すなわち、手話の構成要素、手話の複合的同時性、そして手話の空間利用です。

第1章 手話の語句を構成する要素

手話のひとつひとつの語句は、どのような要素でできているのでしょうか。音声言語は音でできており、それは母音や子音といった体系をもっています。手話は動作言語ですから、動作の体系があります。

事実、手話は一定の要素（単位）でできています。これを手話の構成要素といいます。手話の語句はすべて、これらの構成要素でつくられます。その組み合わせには一定のルールがありますが、それでも当意即妙の表現も可能にしています。

音声言語では、語を構成する音の最小要素（単位）を「音素」と呼んでいます。それらは意味を区別するのに使われます。簡単にいうと、「ホン（本）」は [h]-[o]-[n] のように、3つの音素によってできています。音素は有限で、すべての言語はその多くを共有しています。

このように考えると、手話を構成する最小要素（単位）は「動素」と呼ぶことができるでしょう。「本」は［胸の前で］―［両手を合わせる］―［両手を軽く開く］という3つの動素によってできています。これら3つの動素は多くの国の手話にもあります。

なお、動素という言い方はここまでにして、以後は（構成）要素と呼ぶことにします。

(2-1)「本」

音声に子音・母音、有声音・無声音などの細目があるように、手話には大別して３種類の要素体系があると考えられます。すなわち、１．手の形、２．位置、そして３．動き、です。手話は常に、これらの３つの要素を組み合わせてつくります。(なお、手のひらの向きを独立した要素とする考えもありますが、ここでは手のひらの向きを手の形に含めて考えます。)

1-1　手の形

手の形とは、手話の基本となる、最も重要な部分です。これに位置と動きが加わります。

『わたしたちの手話 学習辞典』Ⅰ・Ⅱでは手の形を中心にして、手話の配列を定めています。そして、手の形として48種があげられています。手の形の選び方については議論の余地がありますが、手話の観点から辞典をつくるという姿勢がうかがえます。

ここでは５つの例をあげておきます。

（1）［人さし指］

（2-2）「わたし・ぼく」

右手の人さし指で鼻を指す。

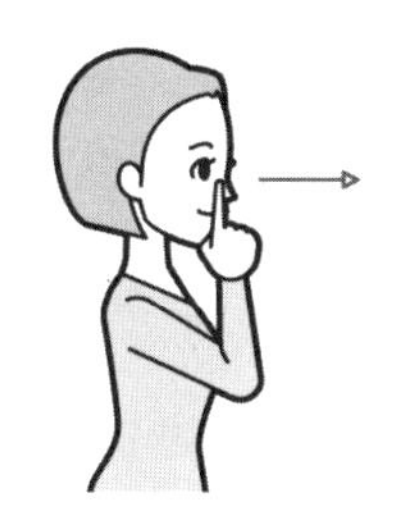

（2-3）「見る」

右手の人さし指を立て、目もとから前へ出す。

（2-4）「話す」

右手の人さし指を立て、口もとから2回前へ出す。

（2-5）「思う」

右手の人さし指をこめかみにあてる。

（2-6）「感じる」

右手の人さし指をこめかみに突きあてる。

（2）［２本指］（人さし指と中指）

（2-7）「ほっとする」

指先を鼻に向けた右手2指を斜め下へおろす。

（2-8）「歌う」

立てた右手2指を口端から小さな円を描いて前へ出す。

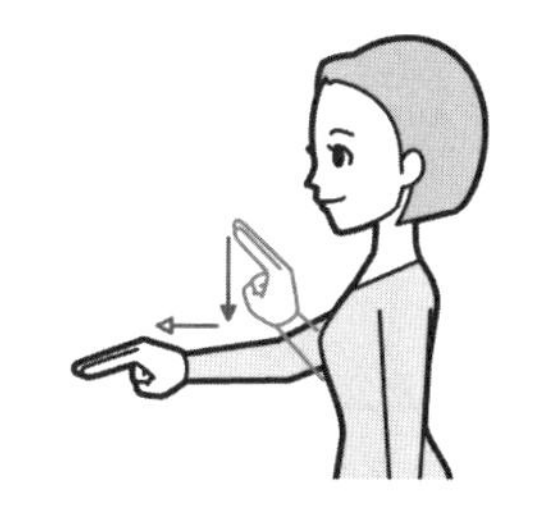

（2-9）「将棋」

手の甲を上に向けて右手2指を打ちおろして前へ出す。

（2-10）「囲碁」

手の甲を上に向けて右手2指を打ちおろす。

（2-11）「名刺」

右手2指の指先を下向きにして左胸に置き、弧を描き、指先を前に向けて出す。

（3）［5指］（基本形は5指を揃えた手のひら）

（2-12）「黒」

右手のひらを髪にあて、撫でるようにおろす。

（2-13）「恩」

右手のひらを頭に向け、撫でるように回す。

（2-14）「若い」

右手のひらを額にあて、右へ動かす。額にしわがない様子を表現。

（2-15）「質問」

右手指先を耳元に置き、手のひらを上向きにして胸の前におろす。

（2-16）「苦手」

右手のひらを顔に向け、指先で鼻を押さえる。

（4）［拳］（こぶし。5本の指を折り曲げて握りしめたもの）

(2-17)「寝る」

首を傾げ、こめかみに右手拳をあてる。

(2-18)「病気」

右手拳の親指側を額に軽く2回あてる。

(2-19)「良い」

鼻にあてた右手拳を軽く前後に動かす。

(2-20)「命」

右手拳を左胸にあてる。

(2-21)「犠牲」

右手拳の小指側を左胸につけ、右脇腹へ斜めに引きおろす。

（5）［親指と人さし指］（親指を横に伸ばし、人さし指を縦に立てる）

(2-22)「とても」

直角に開いた右手2指を右方向へ引く。

(2-23)「昔」

直角に開いた右手2指を頭の上にのせる。ちょんまげのイメージ。

(2-24)「なるほど」

右手親指をあごにつけ、前に伸ばした人さし指を左に2回振る。

(2-25)「違う」

直角に開いた右手2指を半回転させる。

(2-26)「いつも、毎日」

直角に開いた両手2指を向き合わせ、後ろ回りに回す。

1-2　位置

位置とは、手（の形）が向けられたり、接触したりする身体の部位のことです。また、手話をする空間内の位置のことでもあります。簡単にいうと、身体部位では、［頭］、［顔］、［額］、［目］、［耳］、［こめかみ］、［ほお］、［口］、［あご］、［首］、［手］（ひらと甲）、［腕］、［胸］（左右）、［腹］、などが位置の働きをします。

先の事例でいうと、（2-2）「わたし・ぼく」は［鼻］、（2-3）「見る」は［目もと］、（2-4）「話す」と（2-8）「歌う」は［口もと］、（2-5）「思う」と（2-6）「感じる」は［こめかみ］、（2-7）「ほっとする」は［鼻］、（2-11）「名刺」は［左胸］、（2-12）「黒」と（2-13）「恩」は［頭］、（2-14）「若い」は［額］、（2-15）「質問」は［耳もと］、という位置要素を利用しています。

1-3　動き

動きとは、手（の形）がどう動くかのことです。これには、動きの方法、動きの方向、動きの度合い（速さ、強さ、大きさ、持続性など）が重要です。動きの方法には、［（上下、左右に）移動する］、［触る］、［押さえる］、［打つ］、［払う］、［弾く］、［開く］、［閉じる］、［震わせる］、［回転させる］、［こする］、［振る］、［つまむ］、［弧を描く］、などがあります。

同じく、先の事例でいうと、（2-5）「思う」は［触る］、（2-6）「感じる」は［突きあてる］、（2-11）「名刺」は［（前方に）弧を描く］、（2-16）「苦手」は［押さえる］、（2-21）「犠牲」は［（斜め）（下方に）移動する］、（2-24）「なるほど」は［（2回）振る］、（2-25）「違う」は［回転させる］、といった動きの要素を使っています。

このように、手話はきわめて規則性の高い組織をもっているといえます。手話以外の身振り表現はこのような規則性をもっておらず、人びとはまったく自由に、独特の方法で自由気ままなジェスチャーをします。手話を言語と呼ぶのは、このような体系性と規則性があるからです。

日本の手話について、3種類の体系のなかにどのような形がいくつあるかについて、これ以上こまかく述べません。また、これらの構成要素も[h]-[o]-[n]のように記号化できるのですが（第5部第4章4-1参照）、あまり一般的ではないので、ここでは使わないことにします。

第2章　構成要素の存在を意識する

手話にこのような一連の構成要素が存在することは、次の例で実感することができるでしょう。たとえば、「干渉」は、「影響（する）」と「過ぎる」を組み合わせてつくります。

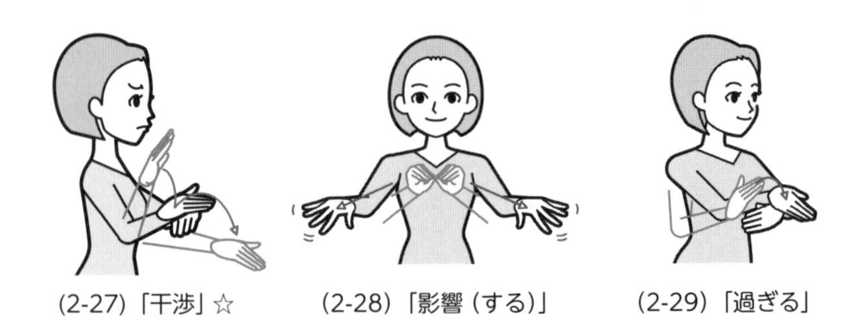

(2-27)「干渉」☆　(2-28)「影響（する）」　(2-29)「過ぎる」

「影響（する）」は本来の形では、手のひらを下にして５指を閉じた両手をからだの前に置き、指を少しずつ開いていきながら、身体の前方に向かって両手を末広がりにおろします。「過ぎる」は、手のひらを下向きにして置いた左手甲に沿って、親指側を上、小指側を下にして立てた右手が乗り越えるように通過します。

ところが、「干渉」では、左手は「過ぎる」のままですが、右手の形は「影響（する）」と同じになり、動きは左手甲に触れたあとで「過ぎる」と同じになります。つまり、「影響（する）」は、（1）［5指を伸ばし、手のひらを下にする］という「手の形」と、（2）［指を少しずつ開いていきながら身体の前方に向かって末広がりにおろす］という「動き」からなる構成要素でできています。

「過ぎる」は、（1）［5指をそろえ、親指側を上、小指側を下にして立てる］という「手の形」、（2）［左手の甲の上］という位置、そして（3）［（1）で（2）を乗り越える］という「動き」、という3つの要素から成り立っています。

そこで、「干渉」では、手の形は「影響（する）」の右手を使い、位置は「過ぎる」を利用し、動きは「影響（する）」と「過ぎる」を利用していることがわかります。このような現象は構成要素の「同化」と呼びます。つまり、右手の形は「影響（する）」と同じようにして、動きは「越える」と同じようにしているのです。

もうひとつ例をあげます。「やめたほうがよい」は「やめる」と「よい」とを合成したものです。

（2-30）「やめる」　（2-31）「よい」

（2-32）「やめたほうがよい」☆

ここでは、「やめる」に続けて「よい」を表現するさいに、左手を残したまま右手の形が早い段階から「よい」のそれに同化し、「よい」の位置と動きは上昇プロセスに同化しています。このような同化現象が成立するのは、手話が空間を多元的に複合的に、そして同時的に利用して、構成要素を組み合わせるからです。

このことは、手話のなかに一定の構成要素の集合が存在することを示すといえます。それらは単独で働くことはほとんどなく、組み合せのルールにしたがって意味のある手話を造り出す役割を果たしているのです。

第３章　手話の複合的同時性

手話は動作言語、視覚言語であり、このような動作的構成要素が重要な役割を果たします。これらの構成要素は複合的に、かつ同時的に組み合わせることが可能です。その結果、手話表現は複合的同時性という特性をもつようになります。

音声言語は音を一列に、継時的に発します。複数の音を同時に発することなどはできません。同時に2つの考えが浮かんで、それを同時に言いたいときは、どちらかを省略するしかないのです。たとえば、「おれはやっ（てない）、できない」のように、「やってない」の「てない」を飲み込むのです（注1）。

これに対して、手話では、左右2本の手で表現しますから、まったく異なる単語を同時に空間に表現することが可能です。たとえば、「男と女」という表現をする場合、音声言語では「o-to-ko-to-o-n-na」と、音を一列に並べなければなりません。どれだけ早口で言っても、「o-n-na」という音は「o-to-ko」のあとから出てきます。ところが手話では、右手の親指を立てて「男」を、左手の小指を立てて「女」をつくり、同時に左右の手を出して「男と女」を表現できるのです。

このように、手話は音声言語にない特性をもっており、手話はこれを広範囲に利用しています。手話はこれを利用しないと不便になるのです。ですから、手話を日本語に合わせる表現形式は、手話の可能性を制限してしまい、望ましいことではありません。これについては、第5部でくわしく述べます。

さて、手話の複合的同時性はたいがいの手話表現に見られます。読者の皆さんは第1部を読んで、もうこれに気づいているでしょう。たとえば、値段が(1-17)「高い」は、「お金」をつくり、それを［下から上にあげる］という動きを同時に行います。

新しい例を2つあげておきます。

(2-33)「留守」

左手だけを「家」の形にし、その下で右手を振る。

(2-34)「家族」

左手だけを「家」の形にし、その下で「人々」の右手を半回転させる。家にいる人びとのこと。

第4章 手話と空間

手話の言語的特性のもうひとつは、空間の使い方にあります。手話は空間において、手指を操作することによって成り立っています。このことは手話の構造と機能を決定する重要な要因です。今までその具体的な姿を簡単に説明しましたが、もう少し例をあげてみましょう。

「私（あるいはだれかひとりの人）がある人をいじめる」と「私たち（あるいはみんな）がある人をいじめる」は下図のようになります。このように、手話では、意味の変化（この場合は主語の単数・複数の違い）は手の形や位置や動きを、空間のなかで調整することによって示されます。

(2-35)「私がいじめる」

(2-36)「私たちがいじめる」☆

日本手話でこのことが特に顕著なのは、動きの方向の変化による能動態と受動態の区別です。たとえば、「説明する」と「説明される」、そして「助ける」と「助けられる」がよい例です。そこでは、動きを外側に向けると能動態となり、内側に向けると受動態になります（第３部第６章「態」を参照）。

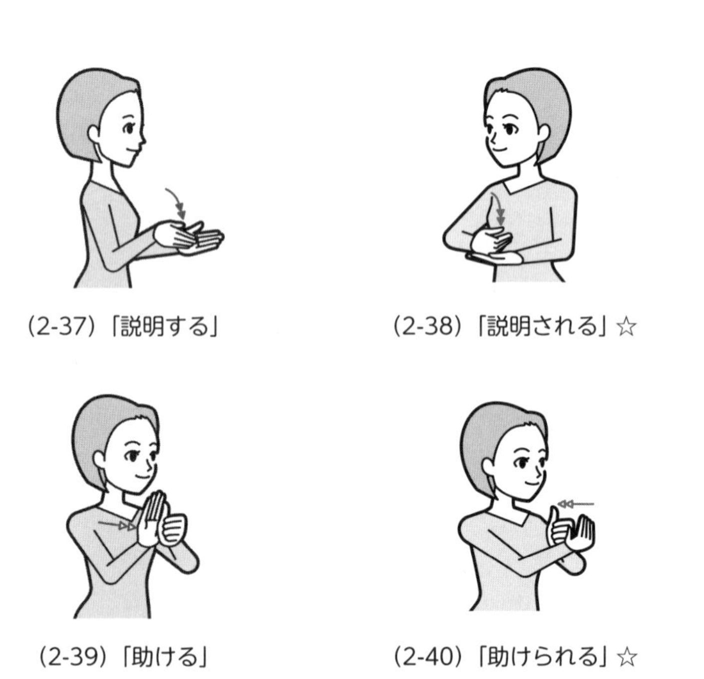

(2-37)「説明する」

(2-38)「説明される」☆

(2-39)「助ける」

(2-40)「助けられる」☆

また、空間の「上下」は独特の意味感覚を育みます。一般に、「上」は値段や地位の高いことを示します。「下」はその反対です。

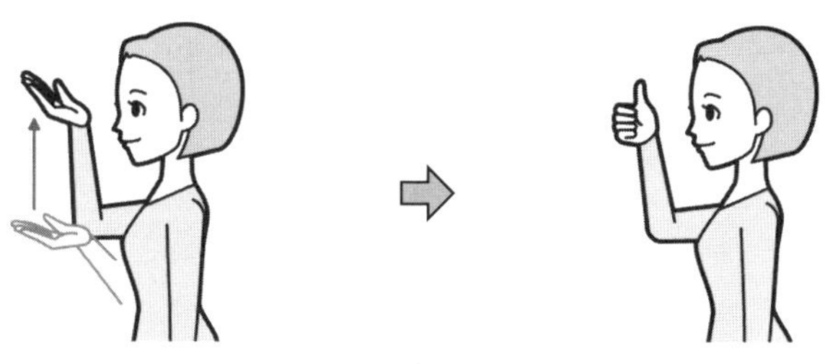

（2-41）「上司」

右手のひらを上に向けて上げ、「男」を目の高さに置く。

そして、空間の「前後」は特有の時間感覚を生みます。「前」は未来、「後」は過去です。

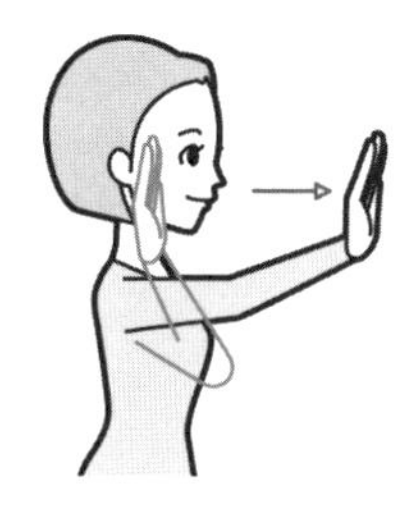

（2-42）「未来」

顔の横に右の手のひらを前に向けて立て、それを前方に出す。

（2-43）「過去」

顔の横に右の手のひらを後に向けて立て、それを後方に動かす。

（注1）

このような現象は話芸の華、落語によくみられます。あわてものの八つぁんが熊さんに言います。「きのう、お前んとこの夫婦喧嘩はひどかったな。」熊さんびっくりして言います。「おれはやっ（てない）、できない。一人もんだから。」

第3部 ▶ 手話の文法

言語は必ず文法をもっています。また、言語は必ず文という表現単位をもっています。そこで、文法とは、文をつくり出す規則のことです。具体的には、語や句の配列の規則です。日本手話の文法は日本語の影響を強く受けていますが、手話の動作的・視覚的特性も無視できません。
日本手話の文法構造はまだ十分に解明されていませんが、ここでは、次の観点から、日本手話の文がどのようなルールに基づいてつくられているのかを見ていきましょう。すなわち、語順、疑問文、否定文、時制、自動詞・他動詞、態、助詞、そして話題の明確化です。

第1章 語順:「好きな食べ物は何」は「食べ物」「好き」「何」

まず、語順について考えてみましょう。ろう者の自然な手話では、重要な枠組みを先行させる傾向にあります。これはとくに、修飾構造のなかにみられます。修飾構造とは、修飾語（形容詞など）と被修飾語（名詞など）の位置関係のことをいいます。

たとえば、「（あなたの）好きな食べ物は何ですか」と聞く場合、手話では「（あなた）」「食べる」「好き」「何」という語順のほうがより自然です。つまり、「食べる」という枠組みづくりを先行させます。なお、相手と対面している状況では、日本語でも手話でも、「あなた」は省略されがちです。

例文１「(あなたの) 好きな食べ物は何ですか」

【(3-1)「あなた」】　(3-2)「食べる」　(3-3)「好き」　(3-4)「何」☆

同様に、「(あなたの) 得意な科目は何ですか」という表現は、手話では (「あなた」)「勉強」「得意」「何」の語順が好まれます。まずは、「勉強」という枠組みづくりが重要なのです。

例文２「(あなたの) 得意な科目は何ですか」

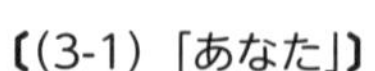
【(3-1)「あなた」】　(3-5)「勉強」　(3-6)「得意」　(3-4)「何」☆

このように、ろう者が自然に繰り出す手話では、トピックがそれぞれ「食べる (食べ物)」あるいは「勉強 (科目)」であることを早い段階から相手に知らせています。これは人間の基本的な認識パターンに合っていると思われます。そして、視覚情報の発信・受信に向いているのでしょう。もちろん、日本語と同じ語順で (「あなた」)「得意」「勉強」「何」と表現しても理解されます。

元来、日本語は主語・目的語・述語という語順が基本ですが、必ずしもこの語順にしたがわなくても、内容は充分に理解できます。たとえば、「母は手話を勉強する」は標準的な語順ですが、「手話を母は勉強する」としても通じます。ただし、このときは「手話」が強調されて相手に伝えられます。手話でも同様で、いずれの語順でも問題ありませんが、「手話」を強調するときには、やはり「手話」が先に表現されるようです。

例文３「母は手話を勉強する」

(3-7)「母」　(3-8)「手話」　(3-5)「勉強 (する)」

例文４「手話を母は勉強する」

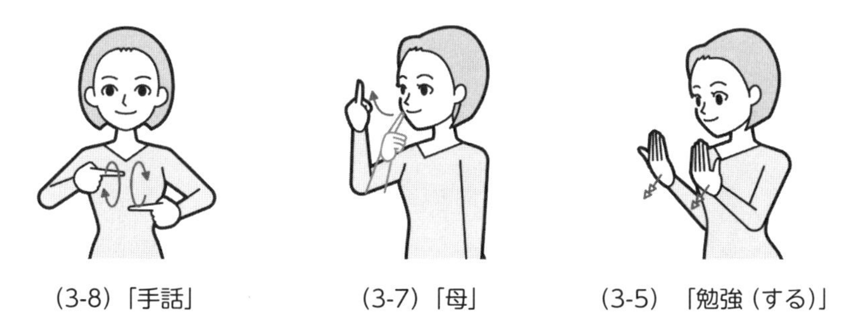

(3-8)「手話」　(3-7)「母」　(3-5)「勉強 (する)」

話しことばで、主語(「母」) と目的語(「手話」) を入れ替えても問題なく意味が理解されるのは、助詞「が」と「を」が主語か目的語かの区別をしてくれるからです。手話では、「手話」が無生物であるため、「勉強する」という動詞の主語にはならないので、「手話」を強調して文頭に表現しても、「母が手話を勉強する」と正しく理解されます。

「手話が母を勉強する」という文は、「手話」が擬人化されてないかぎり、意味が成り立ちません。このように、手話には助詞がなくても、人間が発達させた生物・無生物という概念に依存することによって、語順を自由に操作し、それを適切に解釈することができます。

では、「母が兄を呼ぶ」のように、主語も目的語も、主語になりうる生物である場合はどうでしょうか。「呼ぶ」という動詞は主語（〜が）と目的語（〜を）をともなって使われる他動詞です（第５章参照）。このとき、「母」と「兄」の語順が変わると意味も変化します。つまり、母が兄を呼ぶのか、兄が母を呼ぶのかが、語順によって決まります。

だれがだれを呼ぶのか、日本語では「が」と「を」という助詞の働きで明確になります。手話では助詞を使いませんが、空間（呼ぶ方向）の工夫によって、主語と目的語を明確にすることができます。これが手話の動作的・視覚的特性の一例です。

次のイラストで示すように、「母が兄を呼ぶ」では、「母」と「兄」を離れた場所に表現し、「母」の位置で「兄」を招くように「呼ぶ」を表現します。さらに、「兄」を「母」の方に近づけることによって、呼ばれたのが「兄」であることが明確に伝わります[注１]。

例文５「母が兄を呼ぶ」

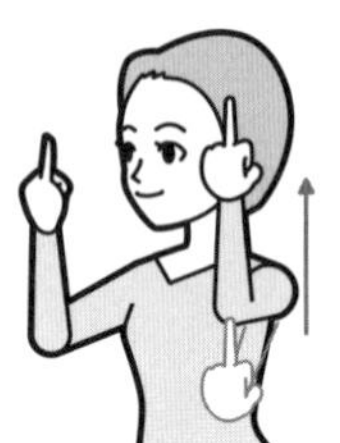
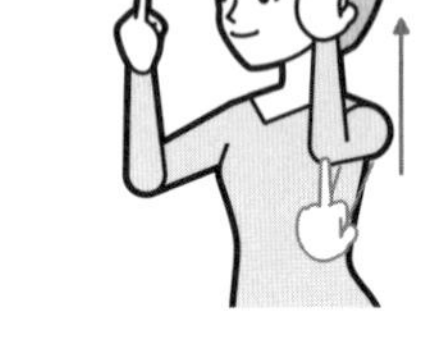

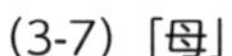

(3-7)「母」　(3-9)「兄（右手は「母」）」☆　(3-10)「(兄を) 呼ぶ」☆

語順を変えて、目的語を先にまわし、「兄を母が呼ぶ」という場合はどう表現されるでしょうか。「兄」が先に表現されると、母が呼んでいるのが「兄」であることが強調されるので、ろう者の自然な手話では「兄」を表現した直後に、「兄」への指さしがさりげなく追加されます。

例文６「兄を母が呼ぶ」

(3-11)「兄 (指さし)」☆

(3-12)「母 (左手は兄)」☆

(3-10)「(兄を) 呼ぶ」☆

では、「彼が彼女にプレゼントをあげる」などは、どう表現されるでしょうか。この場合も、「彼」(「男」) と「彼女」(「女」) を離れた位置に表現し、次に表現する「プレゼント (する)」を「彼」の位置から「彼女」の方へ動かします。「プレゼント (する)」は通常、AさんからBさんへ渡す (贈る) ことを前提としていますから、手話ではプレゼントがBさん (この場合は「彼女」) の方向へ空間移動します。

例文７「彼が彼女にプレゼントをあげる」

(3-13)「男 (彼)」

(3-14)「女 (彼女)
(右手は「彼」)」☆

(3-15)「プレゼント (する)」

このように、手話では人物や物の語句が空間を移動することによって、だれが何をするのか (あるいは、だれがだれに何をするのか) が表現されます。手話では、空間利用がいかに重要な役割をしているのかが、これでよく分かるでしょう。

第2章 疑問文：首を傾げる

手話では、平叙文を表現したあとで、首を傾げる・眉を上げるなどの表情をつけることで、「〜ですか」という疑問文をつくります。「あなたはお医者さんですか」という疑問文は、「あなた・医者」の表現のあと、首を傾げますが、このときは必ず自然に眉が上がります。

例文1「あなたはお医者さんですか」

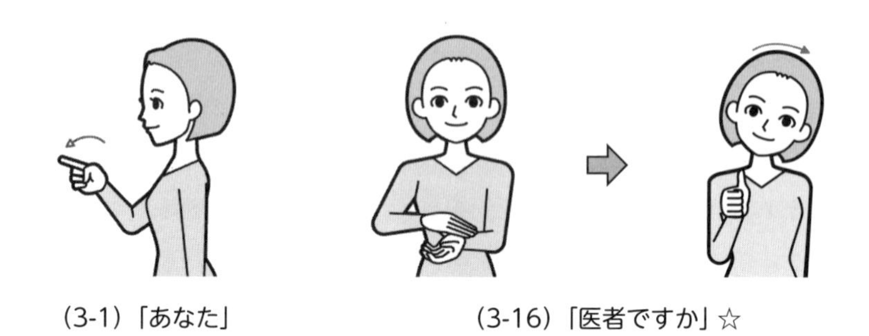

(3-1)「あなた」　(3-16)「医者ですか」☆

「〜は何ですか」と聞くときには、話の最後に、立てた人さし指を左右に振って「何」を表現します。たとえば、「本のタイトルは何ですか」は「本」「タイトル」「何」とあらわします。なお、手のひらを上に向けて前方に差し出して、「(何) ですか」を最後に加えることもできますが、これは日本語の発話に合わせたやりかたで、ろう者の自然な手話ではほとんど使われません。

例文２「本のタイトルは何ですか」

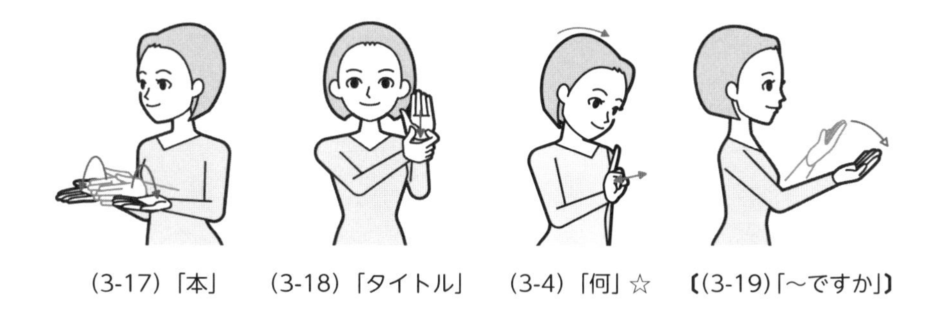

(3-17)「本」　(3-18)「タイトル」　(3-4)「何」☆　〔(3-19)「～ですか」〕

「いつ」は、両手を上下に置き、同時に親指から順に折って握ります。「会長といつ会いますか」は、「会長」「会う」「いつ」と表現されます。

例文３「会長といつ会いますか」

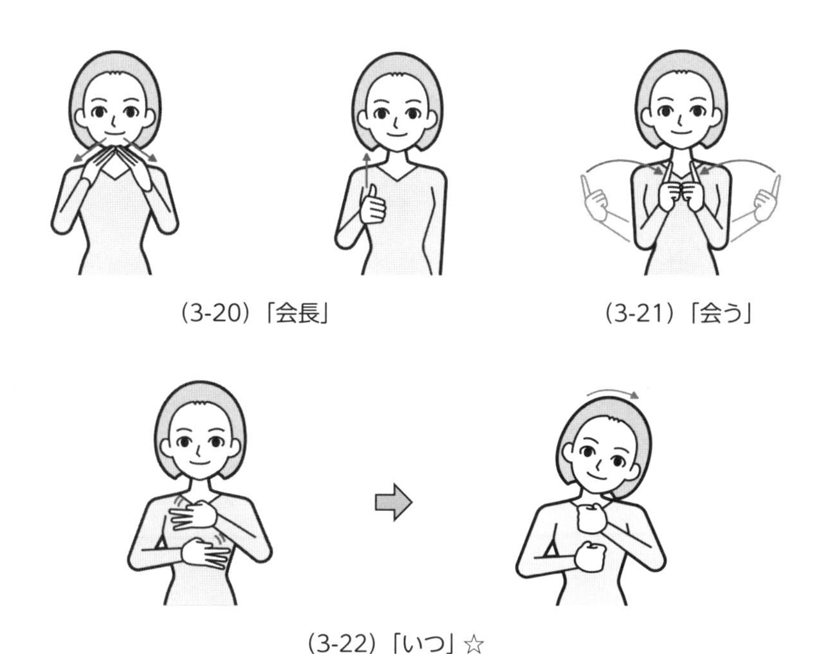

(3-20)「会長」　(3-21)「会う」

(3-22)「いつ」☆

「だれ」は、ほおを手で撫でるしぐさをしますが、これは人を識別するのは顔であることを意識した表現です。「あなたはだれと会いますか」は、「あなた」「会う」「だれ」の順です。

例文 4 「あなたはだれと会いますか」

(3-1)「あなた」　(3-21)「会う」　(3-23)「だれ」☆

「いくつ」「いくら」「何人」などの疑問文は、「いくつ」(指を折って数える)を基本にして次のように表現されます。

例文 5 「リンゴをいくつ買いましたか」

(3-24)「リンゴ」　(3-25)「買う」

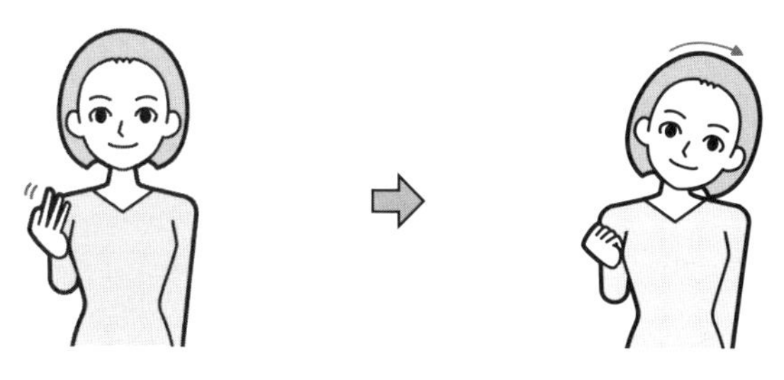

(3-26)「いくつ」☆

例文 6 「この本はいくらですか」

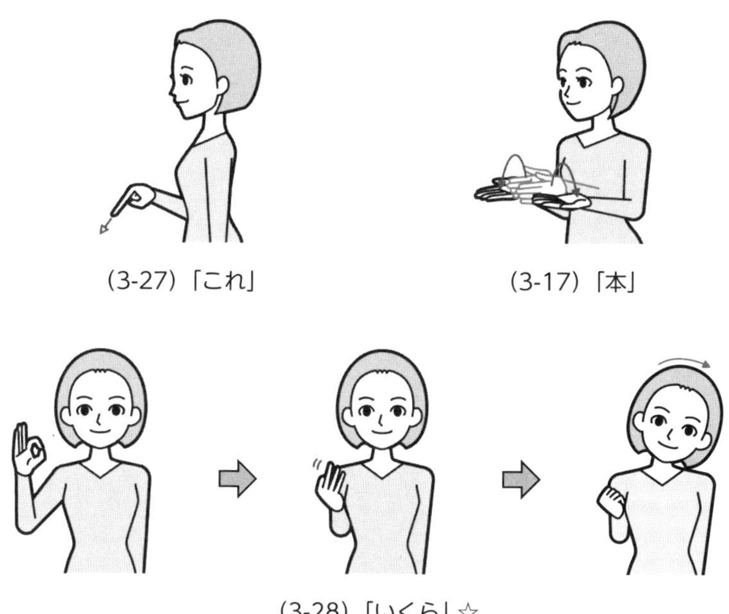

(3-27)「これ」　(3-17)「本」

(3-28)「いくら」☆

例文７「家族は何人ですか」

(3-29)「家族」　　(3-26)「いくつ (何人)」☆

「どこ」は、「場所」＋「何」であらわします。「なぜ」は、元来、「意味」＋「何」で表現していましたが、「意味」のみで十分に理解されるため、「何」の表現は省略されるようになりました。「どうやって」は「方法」＋「何」という組合せでできています。手話の考え方が分かって、興味深いです。例えば、「会長とどこで会いますか」という文では、会長と自分が会うことが明確になるように、両手人さし指をからだの前で前後に向かい合わせ (手前が自分、向こう側が会長をあらわします)、同時に人さし指を近づけます。

例文８「会長とどこで会いますか」

(3-20)「会長」　　(3-21)「会う」

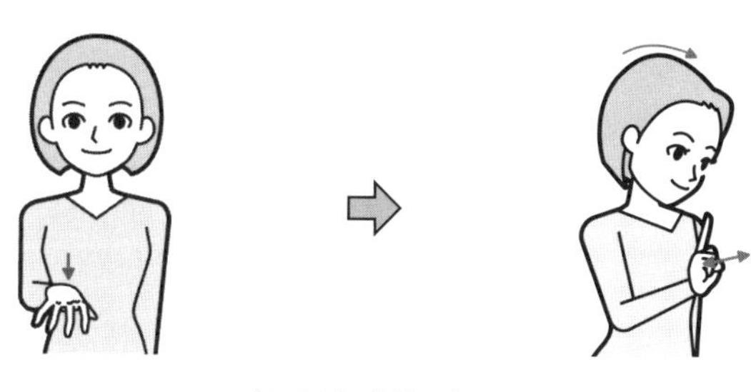

(3-30)「どこ」☆

例文９「なぜ助けが必要ですか」

(3-31)「助ける」　(3-32)「必要」　(3-33)「なぜ」☆

例文10「どうやって問題を解決しますか」

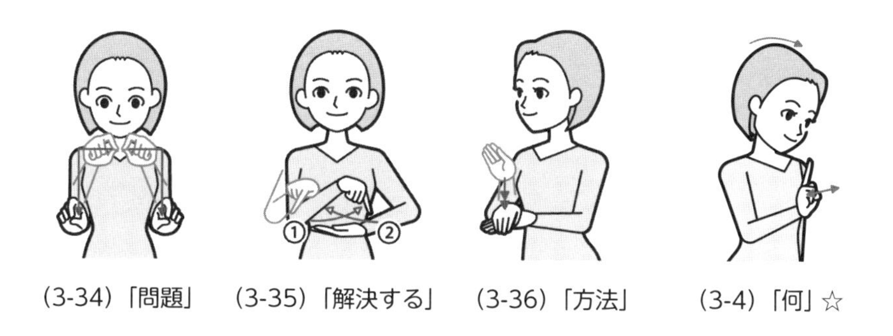

(3-34)「問題」　(3-35)「解決する」　(3-36)「方法」　(3-4)「何」☆

なお、「いつ」「どこ」「なぜ」「どうやって」などは、文の最後に表現されます。上の例では、「会長・会う・いつ」、「会長・会う・どこ」、「助け・必要・

なぜ」、「問題・解決・どうやって」というように、メイントピックを先に表現したあとで疑問詞が表現されます。このような表現は、ろう者の自然な手話でよく見られます。（第１章「語順」参照）

「どのような（どんな）」などの疑問文は、人さし指を振る「何」であらわします。「どれ」や「どちら」の場合は、複数あるもののうちから該当するものを選ぶという意味で、人さし指で位置をかえながらあれこれを指さし、「これですか。それともあれですか」というように、複数の中から目あてのものを探し出すようにします。

例文11「あなたはどんな夢を見ますか」

(3-1)「あなた」　(3-37)「夢（をみる）」　(3-4)「何」☆

例文12「あなたの本はどれですか」

(3-1)「あなた」　(3-17)「本」　(3-38)「どれ」☆

第３章　否定文：首振りと「難しい」の働き

手話ではさまざまな方法で否定をあらわします。片手を顔の前で振る手話や、首を横に振る手話は、一般のジェスチャーと共通です。また、「違う」という手話を使って否定を表現する場合もあります。例えば、「うそではない」は「うそ」・「違う」と表現できます。次にいくつかの例を示します。

例文１　「行かない」

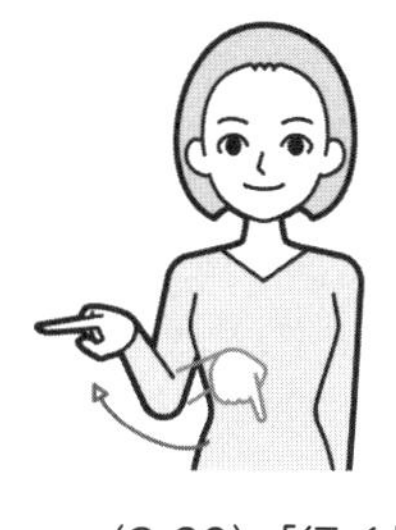

(3-39)「行く」

(3-40)「〜ない」☆

例文２　「うそではない」

(3-41)「うそ」

(3-42)「違う」

両手の手首を返して、手のひらを相手に見せて「〜ない」と表現することもできます。この手話は、「持っていない」という意味合いのときに適しています。

例文３　「お金がない」

(3-43)「お金」

(3-44)「ない」

例文４　「友だちがいない」

(3-45)「友だち」

(3-44)「ない」

また、「困難」（１）（右手で右ほおをつねる）、「困難」（２）（両手の握りこぶしを上下に重ねてこすり合わせる）を利用して否定を表現します。これは「会えない」「～することができない」など、可能性を否定する表現に適しています。

例文５　「会えない」

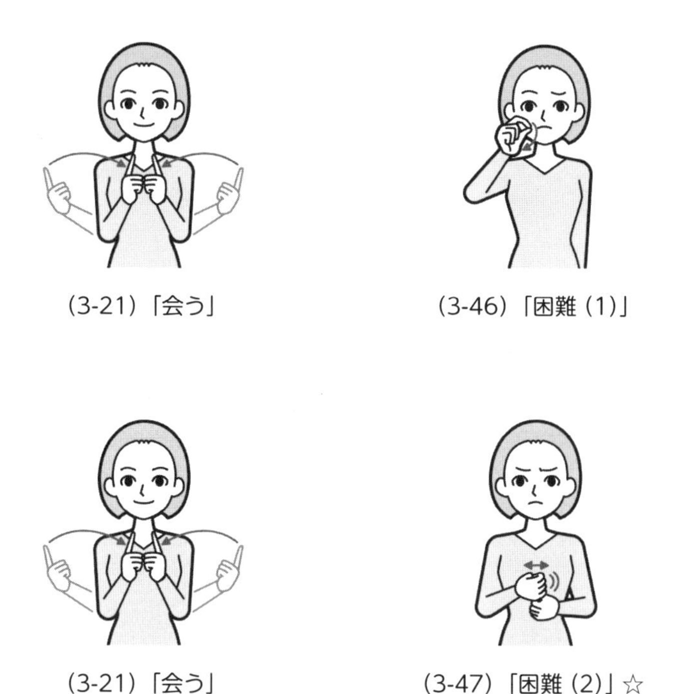

(3-21)「会う」　(3-46)「困難(1)」

(3-21)「会う」　(3-47)「困難(2)」☆

さらに、動きを反対にすることでも、否定をあらわすことがあります。「分かる」「分からない」はこれに該当します。

例文６　「内容が分かる」

(3-48)「内容」　(3-49)「分かる」

例文７　「内容が分からない」

(3-48)「内容」

(3-50)「分からない」

「見ない」は、手のひらを目にあてて視野をさえぎります。このとき、顔を背けるしぐさも加わります。「聞かない」では手のひらで耳をふさいで音が入ってくるのをさえぎります。同様に、「言わない」は口に手のひら（または人さし指）をあてます。また、手で口を閉じることもあります。

(3-51)「見ない」

(3-52)「聞かない」

(3-53)「言わない」☆

ろう者が「見ない」「聞かない」「言わない」などの表現をするときは、最後に首を横に振るしぐさがよく見られます。これにより、自らの意志でそれぞれの動作をしないことが明確に伝わります。次に「見ない」の例をあげておきます。

(3-54)「見ない」(強い意志の表明)☆

第4章 時制：今日、昨日、明日

わたしたちは日常のコミュニケーションで、発話するときを基準にして、その時点での動作・状態を「現在」のこととして伝えます。また、発話時よりも以前の動作・状態を「過去」のこととして伝えます。さらに、今後起こる動作・状態については「未来」のこととして伝えます。

文法上では、このような現在・過去・未来の時間の流れのことを「時制」と呼んでいます。音声言語では動詞の語形を変化させて、この違いを区別します。「書く・書いた・書くだろう」といったぐあいです。文法用語では、これを活用と呼んでいます。

手話では基本的に、空間配分によって、時制をあらわします。話者が立つ位置での動きで「現在」、後方に向けた動きで「過去」、前方へ向けた動きで「未来」を表現します。ここでも空間を実に効果的に利用していることが分かります。

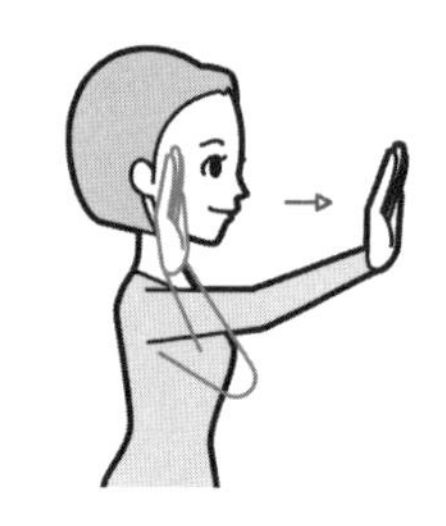

(3-55)「現在（今）」　(3-56)「過去（以前）」　(3-57)「未来（将来）」

たとえば、「昨日」は一日過去のことですから、人さし指を立てて（「一日」）手のひらを後方に向けて肩越しに後方に倒します。逆に、「明日」は一日未来のことですから、手のひらを前方に向けて、人さし指を肩の位置から前方に倒します。

このルールに基づくと、「先週」や「来週」は、七日過去あるいは未来のことですから、数字の「七」（親指・人さし指・中指をのばした手）を肩越しにそれぞれ後方、前方へ動かします。ただし、このときの手の動きは、「昨日」や「明日」のときよりも大きくなります（注2）。

これは、先週（あるいは来週）が一日前（あるいは一日後）よりも「ずっと以前」（あるいは「ずっと先のこと」）であることを表現しています。これは手話の構成要素として動きが重要な役割をはたしていることを物語っています。

(3-58)「昨日」　(3-59)「明日」　(3-60)「先週」　(3-61)「来週」

〈過去の言い方〉

手話では動詞そのものは語形変化をしませんが、過去を表現するのに、「終わる」を付け加えることがあります。「~する」+「終わる」で過去をあらわすのです。また、話の冒頭に「以前」、「昨日」、「～年前」など確実に過去を示す語句を提示してから話を続けることもあります。

なお、「終わる」は、開いた両手をすぼめながら同時に下げる表現（1）と、両手を手首から振りおろす表現（2）の2つが存在します。ろう者はこれらの過去表現を文の最後に加えながら、「パ」の口形をつくります。実際に「パ」の音を出す人もいます。

例文1　「姉が結婚しました」

(3-62)「姉」

(3-63)「結婚（する)」

(3-64)「終わる（1)」☆

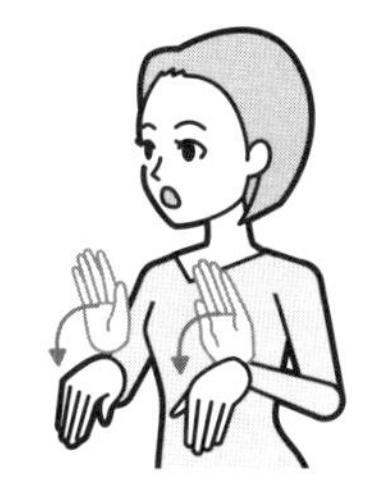

(3-65)「終わる（2)」☆

確実に過去を意味する「昨年」（「年」+「昨日」）が入ると、「終わる」を省略した次のような表現が見られます。

例文２　「姉が昨年結婚しました」

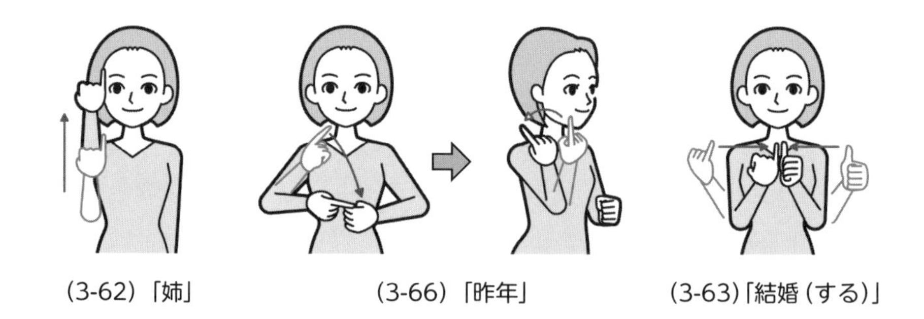

(3-62)「姉」　(3-66)「昨年」　(3-63)「結婚 (する)」

〈未来の言い方〉

未来のことを言うときには、「今度」や「後で」などを挿入するほか、具体的に「来年」(「年」＋「明日」) などを使います。

例文３　「姉が今度結婚します」

(3-62)「姉」　(3-57)「今度 (未来)」☆　(3-63)「結婚 (する)」

例文 4　「姉は来年結婚します」

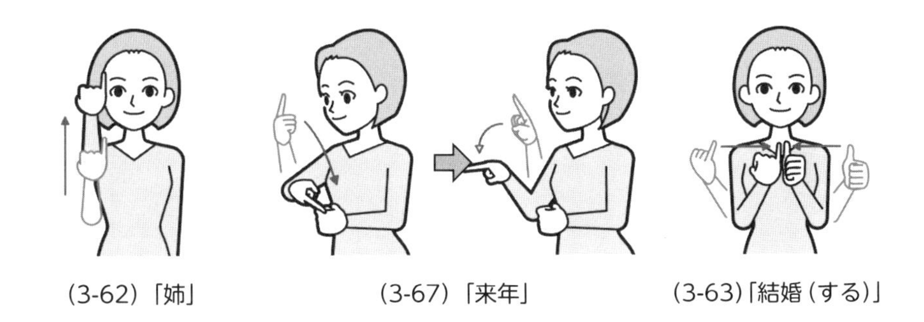

(3-62)「姉」　(3-67)「来年」　(3-63)「結婚(する)」

〈現在進行形(〜している)の言い方〉

手話では、「今(現在)」を加えて、「〜している」という現在進行形をあらわします。現在形は普段の行動をあらわすので、「今(現在)」を加える必要はありません。なお、「今(現在)」の位置は文中と、文頭の両方があります。

例文 5　「弟が本を読む」(現在形)

(3-68)「弟」　(3-17)「本」　(3-69)「読む」

例文６　「弟が本を読んでいる」（現在進行形）

（文中の例）

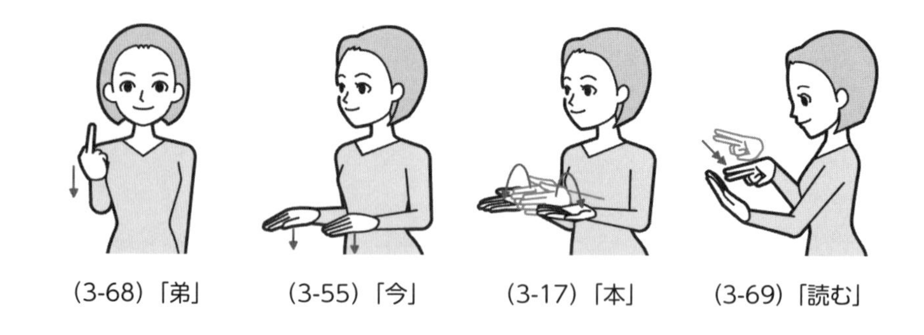
（3-68）「弟」　（3-55）「今」　（3-17）「本」　（3-69）「読む」

（文頭の例）

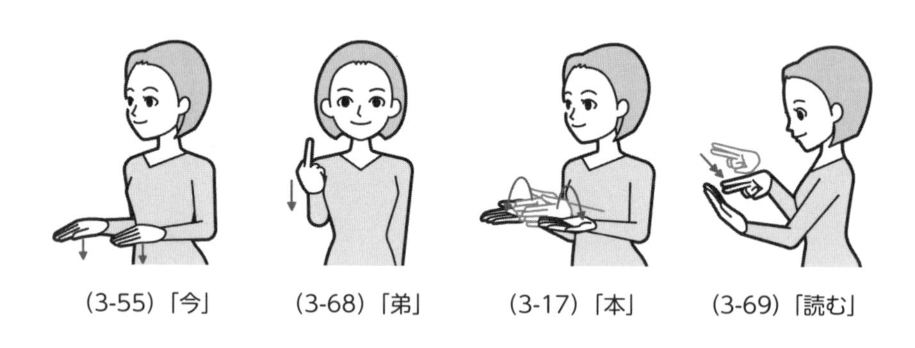
（3-55）「今」　（3-68）「弟」　（3-17）「本」　（3-69）「読む」

第５章　自動詞と他動詞：壊れると壊す

動詞には自動詞と他動詞という区別があります。自動詞は目的語を伴わなくても意味をなす動詞で、他動詞は目的語を伴って用いられます。たとえば、「集まる」は自動詞、「集める」は他動詞です。話しことばでは、自動詞は「が」、他動詞は「を」があることで分かります。

手話で助詞を使わないとすると、「講演会」「たくさんの人」「集まる（集める）」となり、集まるか、集めるかの区別がなくなってしまうかのように思われるかもしれません。しかし、手話ではこの区別は次のように表現されます。

手話では、意味不明にならないように、常になんらかの工夫をしています。

例文１　「講演会にたくさんの人が集まる」

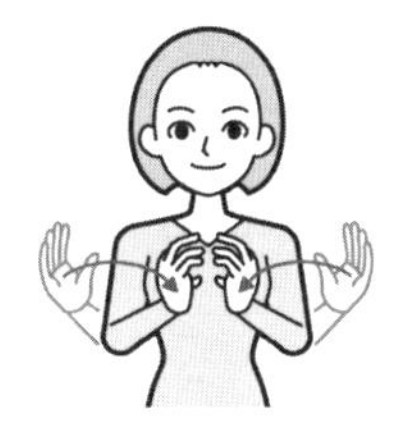

(3-70)「講演会」　(3-71)「たくさん(の人)」　(3-72)「集まる」

例文２　「講演会にたくさんの人を集める」

(3-70)「講演会」　(3-71)「たくさん(の人)」　(3-73)「(呼び) 集める」

つまり、自動詞の「集まる」では、両手の10指を人びとに見立てて、からだの前方から手前に集まってくる様子を表現します。一方、他動詞の「集める」を表現する場合は、話し手が両手を大きく広げて「おいでおいで」と呼びかける様子を表現します。まさに、「(呼び) 集める」になります。事実、「集まる」と「集める」は別の手話なのです。

次に、「壊す」(他動詞) と「壊れる」(自動詞) について考えてみましょう。たとえば、「私が自転車を壊した」と「私の自転車が壊れた」は、そのまま手話単語で置き換えると、いずれも「私」「自転車」「壊す (壊れる)」と表現されます。ここでは、「壊す」と「壊れる」は同じ手話なので、意味があいまいになってしまいます。

そこで、「私が自転車を壊した」場合には、最後にもう一度自分を指さして、行為者が「私」であることを強調します。「私の自転車が壊れた」場合は、最後に自転車を指さします。さらにこのとき、壊れた自転車を見て困惑（あるいは途方に暮れる）表情をします。こうすることで、意味が明確になります。

例文3　「私が自転車を壊した」

(3-74)「私」

(3-75)「自転車」

(3-76)「壊す」

(3-74)「私」

例文4　「私の自転車が壊れた」

(3-74)「私」

(3-75)「自転車」

(3-76)「壊す」

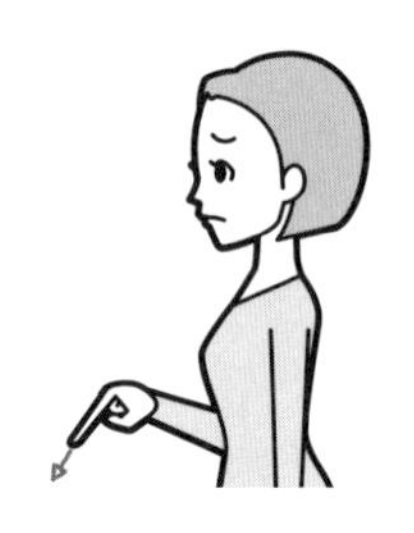
(3-77)「これ(自転車を指さし)」☆

第6章　態：「母に泣かれる」はどうするの？

文法では、動詞があらわす動作や作用のあり方を態と呼んでいます。それは一般に、能動態と受動態に区別されます。話しことばでは、「する」「される」

のように、語形を変化させてこの違いをあらわします。手話では、動きの方向を変えることで、能動態と受動態を区別します。

例えば、「教える」は、人さし指を前方斜め下方へ２回振ります。「教えられる（教えてもらう）」は、人さし指を顔の上方から自分に向けて２回振りおろします。こうすることで、教える人と教えられる人の立場（上下関係）が明確になります。同様に、「頼む（お願いする）」と「頼まれる（お願いされる）」、「文句を言う」と「文句を言われる」も、動きの方向を逆にすることで区別されます。

例文１　「私が妹に教える」

(3-74)「私」

(3-78)「妹」☆

(3-79)「教える（左手は「妹」）」☆

例文２　「私は母に教えられる」

(3-74)「私」

(3-7)「母」

(3-80)「教えられる(教わる)」

(3-81)「頼む（お願いする）」

(3-82)「頼まれる（お願いされる）」☆

(3-83)「文句を言う」

(3-84)「文句を言われる」☆

手話で表現しづらい受身表現の一つに「笑われる」があります。「笑う」という手話は、もともと手を前方や後方へ動かさず、むしろからだに密着して表現する手話です。したがって、方向の変化によって受身を表現することは困難なのです。

「Aさんが笑われた」と表現するとき、手話者はAさんを笑っている人物（Bさん）になる必要があります。つまり、笑っているBさんの役割をしながら、笑われているAさんのことも表現せねばなりません。たとえば、「弟は丸坊主頭を母に笑われた」という表現では、次のようにします。

例文３　「弟は丸坊主頭を母に笑われた」

(3-68)「弟」☆

(3-85)「丸坊主頭」☆

(3-7)「母」

(3-86)「(弟を)笑う」☆

類似の例に「泣かれる」があります。「泣く」も、手が前方や後方へ動かず、泣いているしぐさや、涙がほおを落ちる描写をしますから、手の動きの方向を変えるわけにはいきません。「母に泣かれる」と表現するとき、「母・泣く・私・困る」（母に泣かれて困っている）のように、状況を説明的に表現するのが通例です。

例文４　「母に泣かれる」

(3-7)「母」

(3-87)「泣く (母を指さし)」

(3-74)「私」

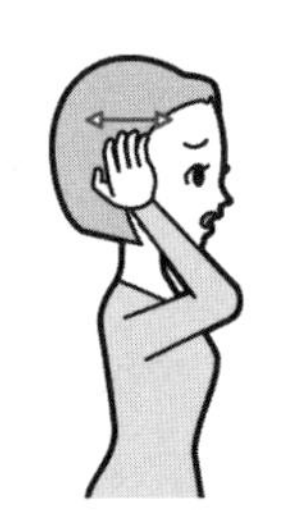

(3-88)「困る」

日本語では、「泣かれる」のような構文を「被害の受身」と呼んでいます。このあと紹介する「雨に降られる」「子ども（息子）に死なれた」なども同類です。元来、「降る」も「死ぬ」も自動詞であり、受身の形はないはずでから、これらは例外的な表現といえます。それでも、手話では、「困る」や「悲しい」などの感情語句を加えて、「雨が降って、からだが濡れて困った」「息子が死んで悲しい」のように表現します。このように、最後の感情表現が、「被害の受身」の役割を見事に果たしています。

例文５　「雨に降られた」

(3-89)「雨（が降る）」

(3-90)「身体」

(3-91)「濡れる」

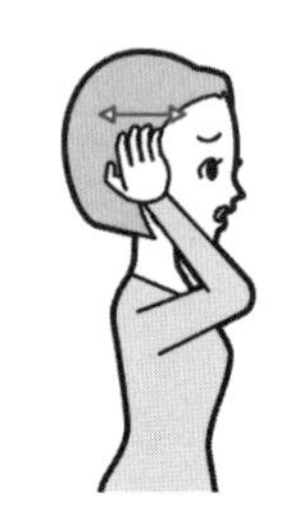

(3-88)「困る」

例文6　「子ども（息子）に死なれた」

（3-92）「息子」

（3-93）「死ぬ」

（3-64）「終わる（1）」

（3-94）「悲しい」

第7章　助詞：空間を利用する

自然な手話には、日本語の「が」「を」「に」などの助詞はありません。しかし、それは手話で助詞の表現ができないという意味ではありません。手話にも助詞としての機能を果たす要素は存在しています。ただし、それは日本語とは大きく異なる方法で機能するのです。

たとえば、「（私が）あなたにこの本をあげます」では、「あなた」「本」「あげる」と表現できますが、ろう者は「あげる」を使わず、「本」を表現したあとに「本」を前方（あなたの方向）に移動させます。つまり、「本」が手前から前方に動くことで、「私があなたに本をあげる」ことが表現されます（第1章例文（5～7）を参照）。

例文1　「あなたに本をあげます」

（3-74）「私」

（3-1）「あなた」

（3-95）「本をあげる」☆

「家から駅まで歩く」という例では、日本語起源の「から」や「まで」の手話を使用することも可能ですが、自然な手話では、空間で手が動くことが助詞の代わりをします。からだの右側に「家」、左側に「駅」(注3)を置き、この空間を「歩く」が移動します。つまり、起点から終点まで手が動くことによって、「から」「まで」が表現されます。

例文2　「家から駅まで歩く」

(3-96)「家(からだの右側)」☆

(3-97)「駅(からだの左側)」

(3-98)「歩く」

次に、「友だちと遊ぶ」の「と」について考えてみましょう。「と」には、「一緒」を使います。さらに、手話では「友だち」「医者」「先生」などの表現では、すぐあとに「男(または女)」が付け加えられますから、その友だち、医者、先生が男性か女性かが明確になります。話しことばでは男女の別は特に表現されませんから、性別が明確にされるのは手話の特徴です。「友だち(男性)と遊ぶ」は次のように表現されます。

例文３　「友だちと遊ぶ」

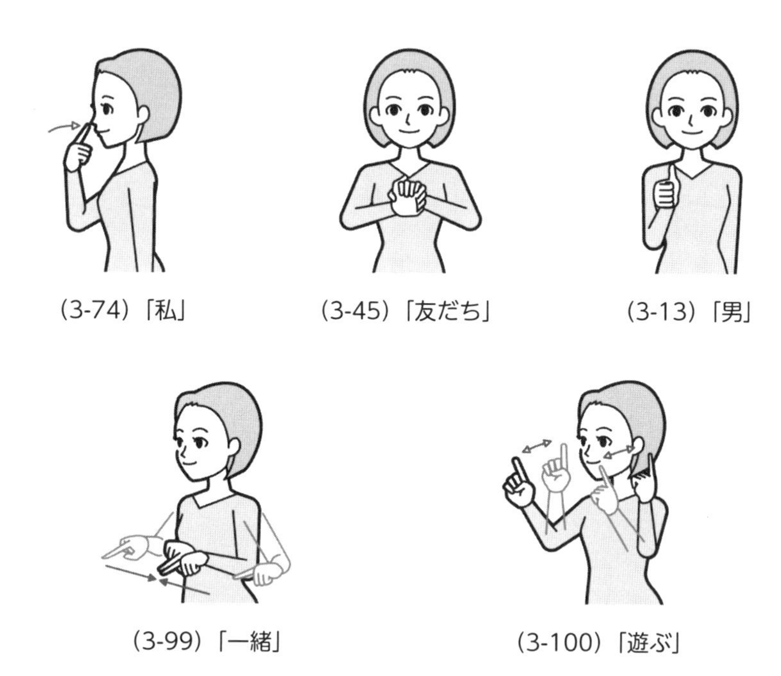

(3-74)「私」　(3-45)「友だち」　(3-13)「男」

(3-99)「一緒」　(3-100)「遊ぶ」

それでは、「海と山と川」などの「と」は、手話でどのように表現されるでしょうか。この場合は、からだの左に「海」、中央で「山」、右に「川」を表現します（例文４）。こうすることで、相手に３つのものを明確に示すことができます。また、片手の指を折り曲げながらもう一方の手で曲げた指をさす「と」という手話を加えながら、「海・と・山・と・川」のような言い方（例文５）もあります。

例文４　「海と山と川」（１）

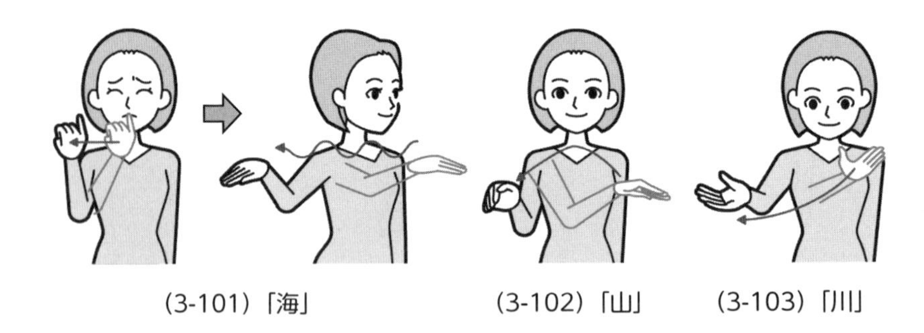

(3-101)「海」　(3-102)「山」　(3-103)「川」

例文５　「海と山と川」（２）

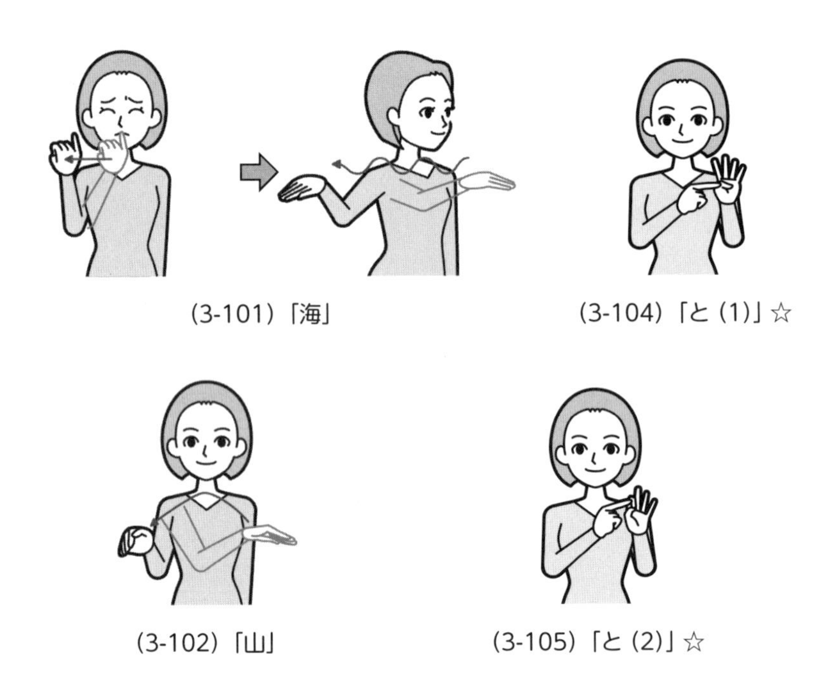

(3-101)「海」　(3-104)「と (1)」☆

(3-102)「山」　(3-105)「と (2)」☆

(3-103)「川」

(3-106)「と (3)」☆

また、「本で調べる」と「本を調べる」はどうでしょうか。手話では、「本で調べる」は空間を利用しながら「本」「読む」「これ」「調べる」と表現します。まず、「本を読む」を左側に表現し、右側の空間を指さして調べる対象物の存在を示します。そのあとに視線を左右におくりながら「調べる」を表現します。こうすることで、左に置いた本を見ながら、右側のものをチェックすることが表現されます。

「本を調べる」は「本」「これ」「調べる」「これ」となります。2回の「これ」は、いずれも「本」が目的語であることを指さしによって強調するものです。手話では指さしが重要な役割をすることが分かります。

例文6 「本で調べる」

(3-17)「本」

(3-69)「読む」

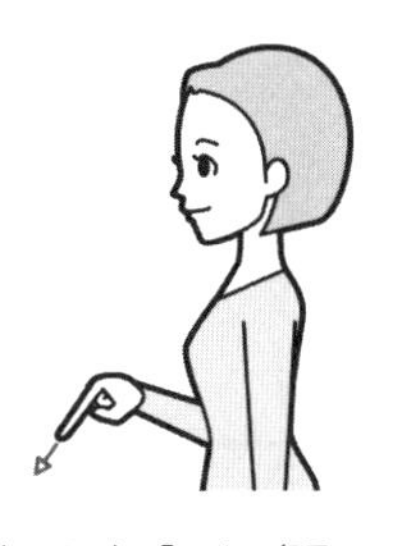

(3-27)「これ (調べたいものを指さし)」

(3-107)「調べる」☆

例文７　「本を調べる」

(3-17)「本」

(3-27)「これ」☆

(3-107)「調べる」

(3-27)「これ」☆

さて、「いいね」「いいさ」「いいよ」「いいぞ」「いいわ」などで使われる終助詞の「ね」「さ」「よ」「ぞ」「わ」などは、手話でどう表現されるのでしょうか。「いい」の表現のあとに指文字を付加する方法がありますが、これは日本語に合わせて表現するときに使われる方法です。

自然な手話では、終助詞は指文字で表現されません。そのかわりに、顔の表情を微妙に変化させることで、同感、疑問、確認、強調などの意味を伝えます。つまり、話しことばで使われる終助詞は、手話では顔の表情を中心とする身体操作が担っています。

例文８　「これ、美味しいね」

(3-27)「これ」

(3-108)「美味しい（ね）」☆

第８章　話題の明確化：指さしの役割

これまで紹介した手話の文例でも分かるように、ろう者の自然な手話表現では、「指さし」がたくさん入ります。それは、手話者がAさん、Bさん、Cさんなど、複数の動作主をひとりで兼ねるうえ、話題が何であるかを常に明確にしながら話を進めるためです。

たとえば、「私は加藤です。愛知県に住んでいます」と自己紹介するとき、前半にも後半にも最初と最後に自分を指さすしぐさを加えて、話題を明確にしています。手話が動作言語、視覚言語であることの特徴をうまく使った工夫です。こういうことに興味をもつと、手話の勉強が楽しくなります。

例文１　「私は加藤です」

(3-74)「私」

(3-109)「名前」

(3-110)「加藤」☆

(3-74)「私」

例文２　「愛知県に住んでいます」

(3-74)「私」

(3-111)「住む」

(3-112)「場所」

(3-113)「愛知」

(3-74)「私」

「私が読んでいる本は難しい」という表現では、「本が難しい」ことを強調するため、「読む」のあとに本を指さす動作が入ります。

例文3　「私が読んでいる本は難しい」

(3-74)「私」

(3-17)「本」

(3-69)「読む」

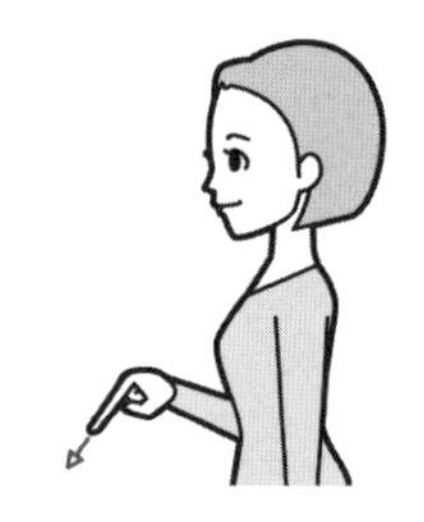

(3-27)「これ（本を指さし）」

(3-46)「困難（1）」

「このリンゴは美味しい」でも、「リンゴ」を強調して指さしをします。何度も指さして、驚いた顔の表情をすると、「このリンゴ、なんて美味しいんだろう」や「このリンゴ、すごく美味しいね」などの話しことばに相当します。

例文４　「このリンゴは美味しい」

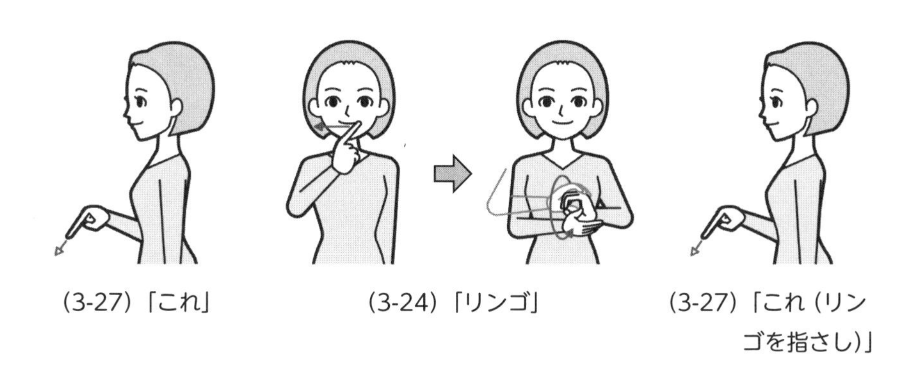

(3-27)「これ」　(3-24)「リンゴ」　(3-27)「これ(リンゴを指さし)」

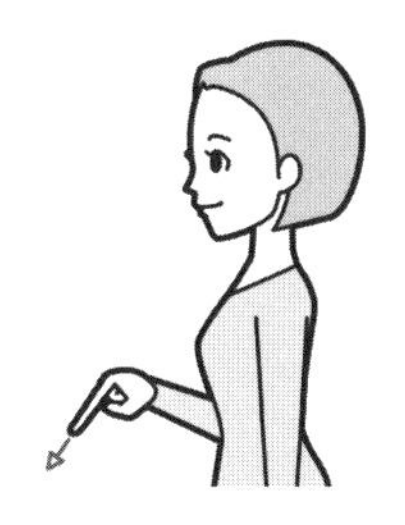

(3-108)「(とても) 美味しい」☆　(3-27)「これ(リンゴを指さし)」

このように、自然な手話表現では、指さしは非常に重要な役割を果たします。主語や目的語を明確にし、動作や状態を強調するのに、効果的に使われ、欠かせない要素になっています。

（注１）

「兄が母を呼ぶ」もこのように、空間を操作してあらわします。

（注２）

このことはイラストでは描きにくいので、実際の手話で観察してください。

（注３）

左手がプラットホーム、右手が電車で、プラットホームに電車が停まる様子をあらわします。

第4部
新しい手話をどうつくるか

手話が普及し、広い分野で使われるようになると、語彙の拡大が重要なテーマになります。新しい社会状況に適した手話が求められますし、さまざまな分野のことを語る新しい手話が必要になります。ここでは、これらの問題を、手話の特性を考えながら検討します。

第1章 手話の語彙拡大を目指して

全日本ろうあ連盟は1969年から日本手話の単語集『わたしたちの手話』を発行し、これは全10巻におよび、1986年に完成しています。このシリーズは第1巻発行以来、ろう者にも聞こえる人にも大変好評を博し、手話が一般社会に普及する大きなきっかけとなりました。そして、全国各地の手話学習会で『わたしたちの手話』シリーズがテキストとして採用され、ろう者と聞こえる人が共に手話を学習しました。

全日本ろうあ連盟ではさらに、現代社会の考え方にあわせて、『わたしたちの手話』シリーズで紹介した手話の表現を改良していくこととし、1987年に第1巻から第10巻までの改訂版を発行しました。たとえば、「あいさつ」では両手の「男」(親指)がおじぎをする形となっていましたが、人さし指にかえて中性化しています。

また、「通訳」も、元来は「男」(親指)を口元で左右に動かしていましたが、最近では中性の人さし指にかえて表現する傾向にあります。これらは、ジェンダーの現代的認識に合わせて、「男」中心の語句から、必要に応じて男女にこだわらない、中性的な表現にしようとするあらわれと考えられます。

(4-1) 旧「あいさつ」　(4-2) 新「あいさつ」

(4-3) 旧「通訳」　(4-4) 新「通訳」

そして、現代情報化社会に対応して、全日本ろうあ連盟では1989年から『新しい手話』シリーズを発行し、従来の日本手話にはなかった新しい手話語句を紹介しました。『新しい手話』はⅠ～Ⅳ巻まで発行され、Ⅰ巻には330語、Ⅱ巻～Ⅳ巻には合計894語の改良・新造語彙が紹介されています。

2004年以降、『新しい手話』シリーズは毎年発行されるようになり、『新しい手話2004』をかわきりに、現在、『新しい手話2017』まで発行されています。これらはすべて、手話の語彙拡大を目指す営みと、とらえることができるでしょう。

事実、現在、ろう者がかかえている最大の問題は、手話語彙の拡大と充実です。手話が現代情報化社会においてコミュニケーションの道具として十分に機能するためには、多様な分野の情報を表現できるようにしなければなりません。

そのためには、音声言語という「外来語」からいろいろと借用する方法もありますが、まずは手話そのものの構造的・機能的特性を広く開拓し、手話にとって自然な造語法を確立すべきでしょう。手話の仕組みを最大限に利用するのです。

そこで、従来の日本手話の表現法に改良を加え、新たに語句を創造する努力によって得られた成果は、日本手話の造語法を考えるうえで貴重な材料となります。従来の造語努力を点検し、これを手がかりとして、よりよい造語の方法を発見するのです。

ここではまず、日本手話の語構造の特徴を簡単に述べたあと、全日本ろうあ連盟が取り組んでいる手話語彙の改良と新造の過程を検討します。そして、『新しい手話Ⅰ』(1989年)に掲載された330語の手話語彙を分析して、新しい手話がどのように形成されているかを整理し、新しい手話のつくり方について考えてみましょう。

第2章 手話の構造再訪

第1部で述べたように、手話は一般のパントマイムやジェスチャーとは異なり、ひとつの語もしくは語構成要素に、他の語もしくは語構成要素を組み合わせて、複合的な語句を形成できるしくみになっています。第1部第4章で「お金」と「男」「女」の例をあげました。

ここでは、「家」を例として、手話の仕組みについて、もう一度考えてみましょう。「家」は両手の指先を合わせて日本家屋の屋根の形を抽象的に模写します。これにさまざまな動きを加え、他の手話と組み合わせると実に多くの語句が成立します。

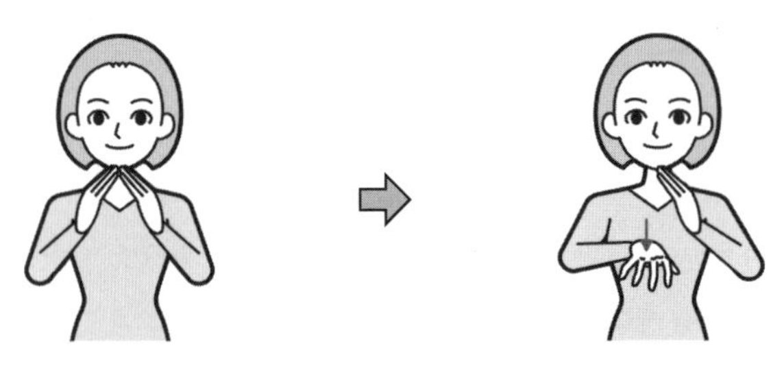

（4-5）「住所」

「家」をつくったあと、「場所」を表現する。

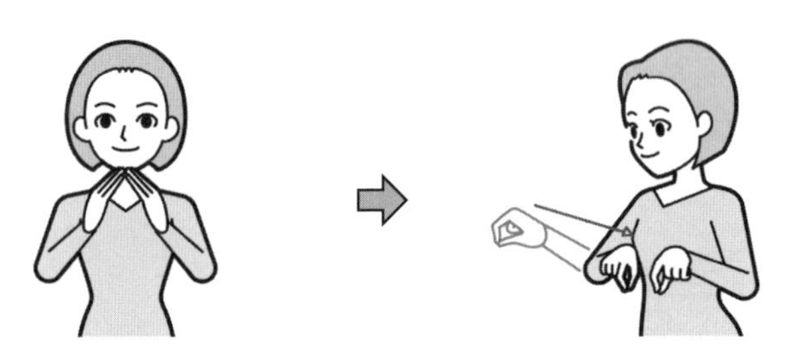

（4-6）「近所」

「家」をつくったあと、「近い」を表現する。

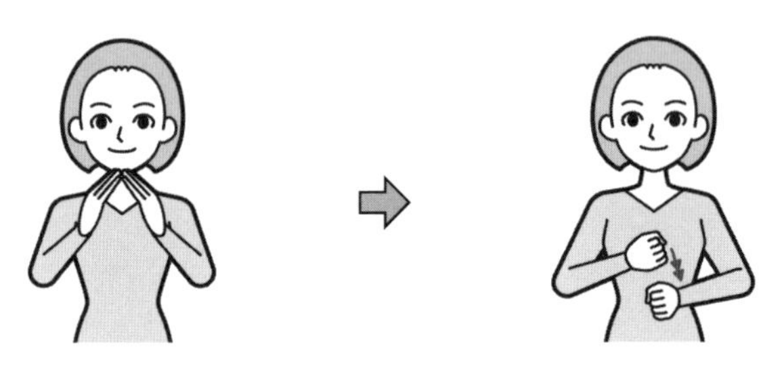

（4-7）「大工」

「家」をつくったあと、「仕事」を表現する。

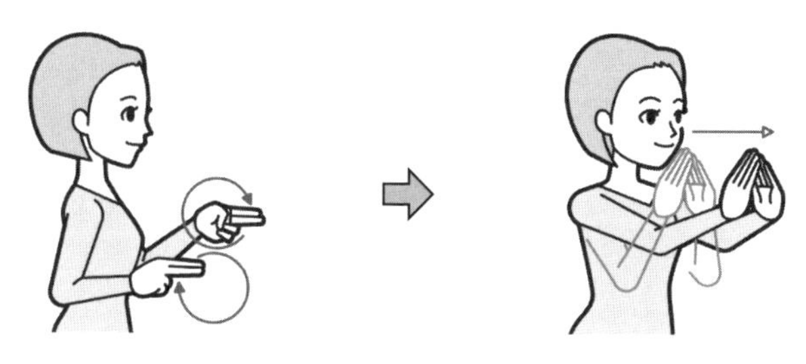

（4-8）「工場」

「機械」をあらわしたあと、「家」をつくる。

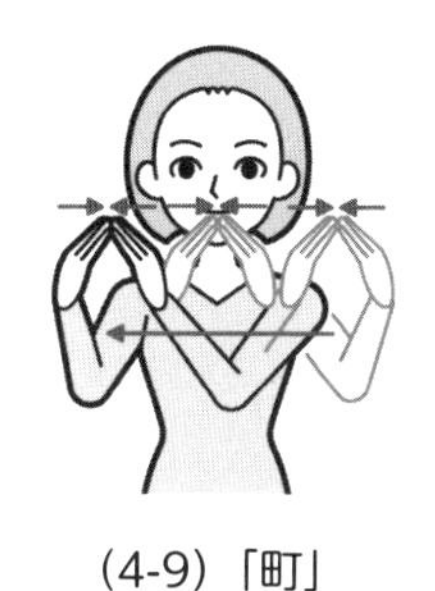

（4-9）「町」

「家」を左から右へいくつも繰り返してつくる。

（4-10）「倒産」

「家」をつくり、両手の手のひらを勢いよくつけ合わせる。

（4-11）「転居」

「家」をからだの前で孤を描くように左に移動させる。

（4-12）「ホームヘルパー」

「家」をつくったあと、「世話をする」を表現する。

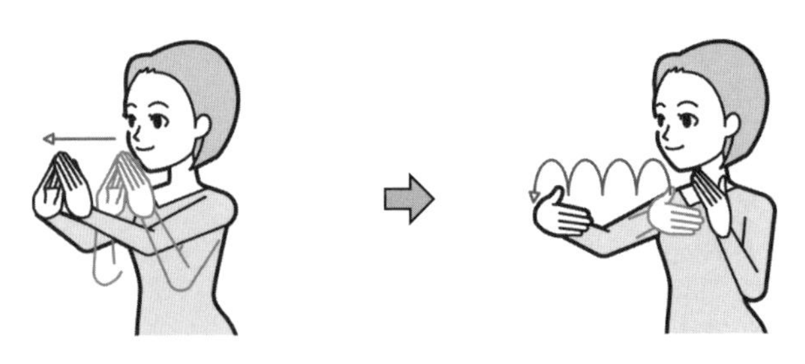

(4-13)「アパート」

「家」を前方にのばしたあと、右手でからだの前の空間を切るようにして前方に出す。

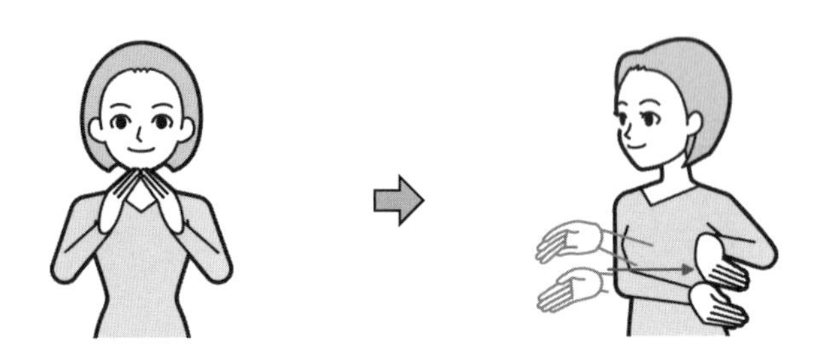

(4-14)「玄関」

「家」をつくったあと、両手で扉を開けるしぐさをする。

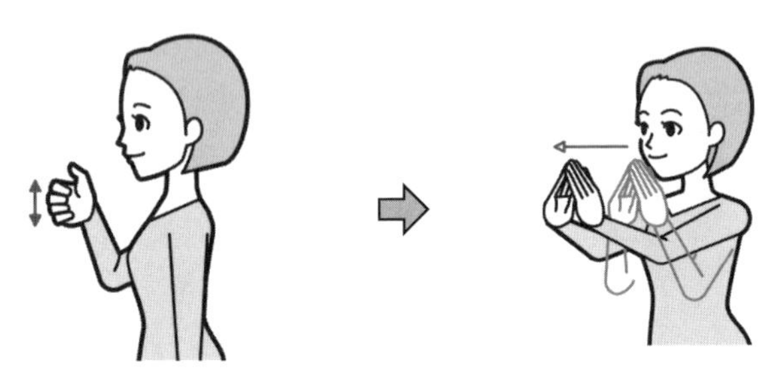

(4-15)「老人ホーム」

「老人」の手話のあと、「家」をつくり、前方にのばす。

（4-16）「火事」

「家」をつくり、左手をそのままにして、右手で「火」を表現する。

（4-17）「宿題」

左手だけを「家」の形にし、その下で右手で「書く」を表現する。

（4-18）「家庭」

左手だけを「家」の形にし、その下で右手で「みんな」を表現する。

（4-19）「家族」

左手だけを「家」の形にし、その下で右手で「人々」を表現する。

（4-20）「留守」

左手だけを「家」の形にし、その下で右手を振る。

（4-21）「主婦」

左手だけを「家」の形にし、その下で右手で「女」を表現する。

このように、手話はひとつの単語、あるいは語構成要素をもとにして、それをいろいろと加工し、追加することによって複合語句をつくります。これは手話の造語組織の特徴といえます。この仕組みを確実に理解することが大切です。

特に、「火事」、「宿題」、「家庭」、「家族」、「留守」、「主婦」などはいずれも「家」の片手を残したまま、もう一方の手でそれぞれ「火」、「書く」、「みんな」、「人々」、「いない」、「女」を追加しています。実に手話らしい造語です。

これにより、いずれも家の中で生じるできごと、あるいは家の中に存在する（あるいは家と関係が深い）ものごとをうまく表現しています。第２部で手話の構成要素のことを説明しましたが、手話の造語には、これらの構成要素が大きな働きをしているのです。

第３章　手話語句の改良、新造に関する基本方針

手話語句の改良および新造にあたり、全日本ろうあ連盟は次のような基本原則を設けています。

（１）動作が簡略であること

（２）語の意味を適切に表現する形であること

（３）形から意味をとらえやすいこと

次に、その事例を具体的に見てみましょう。

3-1　動作の簡略化

動作の簡略化は、伝達情報の増加を可能にし、コミュニケーションをより有意義にするのにつながります。簡略化の例として、「民主主義」や「人生」があげられます。「民主主義」は従来、「人々」＋「平等」＋「考え」＋「表わす」という４つの動作で表現されていました。これを「人々」＋「〜主義」の２動作に改めました。

(4-22) 旧「民主主義」

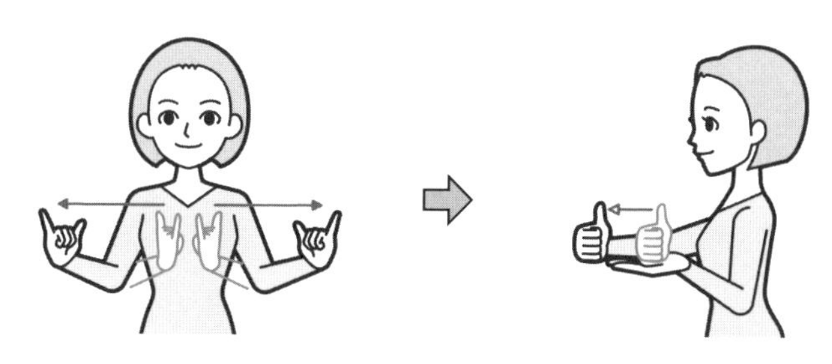

(4-23) 新「民主主義」

「人生」は、従来は「生まれる」+「成長する」+「死ぬ」+「あいだ」の4動作であらわしていましたが、「人々」の手の形をからだの前で回転させるだけとしました。

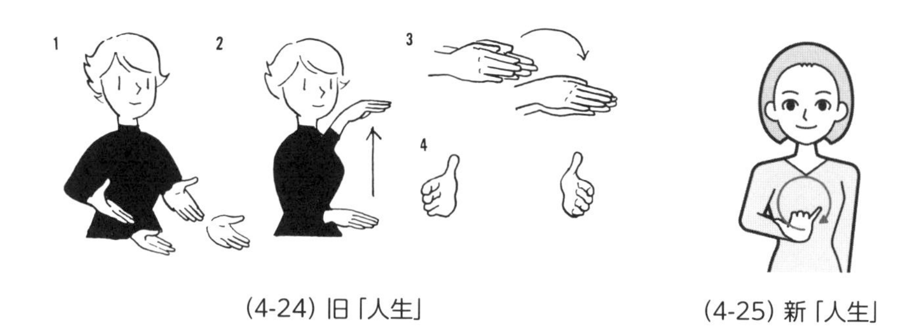

(4-24) 旧「人生」　　(4-25) 新「人生」

3-2　意味の適格化

語の意味をより適切に表現するように改められた手話には、「宿題」や「立派」があります。「宿題」は従来、「勉強」＋「提出」とあらわしていましたが、宿題は家庭でおこなうものであることから、「家」と「書く」を組み合わせて表現するようにしました。

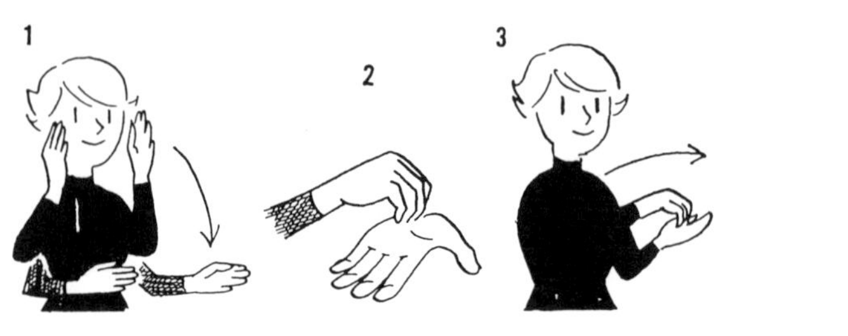

(4-26) 旧「宿題」

(4-27) 新「宿題」

もうひとつ、「立派」の例では従来、「偉い」＋「男」であらわしていましたが、これでは「立派な人」の意味となり、人物をさす場合にしか使用できないので、「男」を省いて「立派であること」「格が高いこと」と表現するようにしました。より抽象化して考えた結果でしょう。

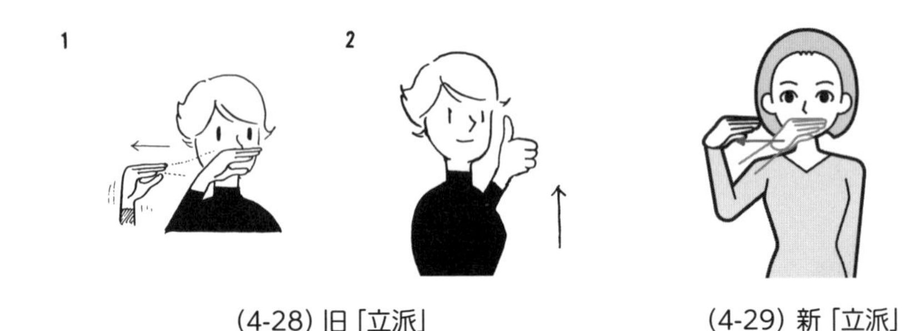

(4-28) 旧「立派」　　(4-29) 新「立派」

3-3　形で意味をあらわす

次に、形で意味をとらえやすくしたものには、「人口」と「内容」があります。「人口」は従来、「全体」＋「人々」＋「数える」と表わしていましたが、両手で「人々」をつくり、手の動きを「全体」という手話の動きに同化させました。

(4-30) 旧「人口」　　(4-31) 新「人口」

また、「内容」では、従来「意味」という手話が使われていましたが、これを「中にあるもの」をあらわすように、左手の内側で右手人さし指をまわすしぐさに改めました。

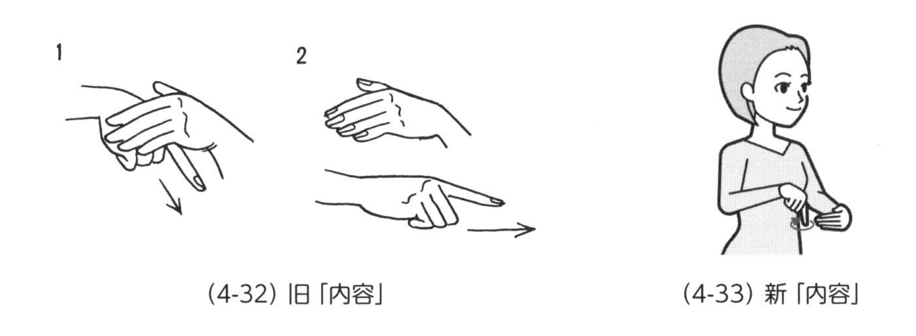

(4-32) 旧「内容」　　(4-33) 新「内容」

このように、全日本ろうあ連盟が手話語句の改良と新造を積極的に進めた結果、ろう者も聞こえる人も新しい手話の学習に取り組みはじめました。同連盟ではこのような学習者のニーズに応えて、『わたしたちの手話』シリーズを基盤に、新たな改良手話、新造手話、そして保存手話[注1]を集め、これらを「新しい手話」と呼び、先に述べた『新しい手話』（Ⅰ～Ⅳ巻）を出版しました。

従来の『わたしたちの手話』シリーズにない手話として新たに紹介されたものには、「芸術」や「条約」など多々あります。それでは、「新しい手話」がどのようにつくられているのか、次の章で見てみましょう。実に、いろいろな方法があることが分かります。

第4章 「新しい手話」の造語法

ここでは、『新しい手話Ⅰ』(1989年) に掲載されている手話語句の造語法を見てみましょう。詳細に検討すると、次のような有意義な特徴が浮かび上がってきます。それらは多くの手話の造語に見られ、日本手話の基本的な構造を示しています。

4-1　従来使用されている手話を、その形を変えずに組み合わせる

「芸術」という手話は、従来からの「演劇」と「美術」のふたつの手話をそのまま組み合わせてつくられています。同様に、「条約」は「条件」と「約束」の組み合わせとなっています。

(4-34)「芸術」　　(4-35)「条約」

4-2　従来使用されている手話の構成要素 (手の形・位置・動き) の一部を組み合わせる

この種の手話にはいろいろなパターンが存在します。

(a) 従来の手話の構成要素をふたつ組み合わせる

先ほど紹介した「人口」のように、「人々」の手の形と「全体」の手の動きを合わせたものや、「民族」のように、「人々」の手の形と「世界」の手の動きを合わせてつくったものなどがあります。

(4-36)「民族」

(b) 従来の手話の手の位置だけを変更する

「真心」は「本当」と「心」からつくられています。本来の「本当」という手話の手の位置はあごにありますが、「真心」をあらわすときには「心」が存在する腹の前に移動させておこないます。

同様に、「真理」も、「本当」と指文字の「り」でつくられていますが、「本当」の手が腹の前に移動しています。

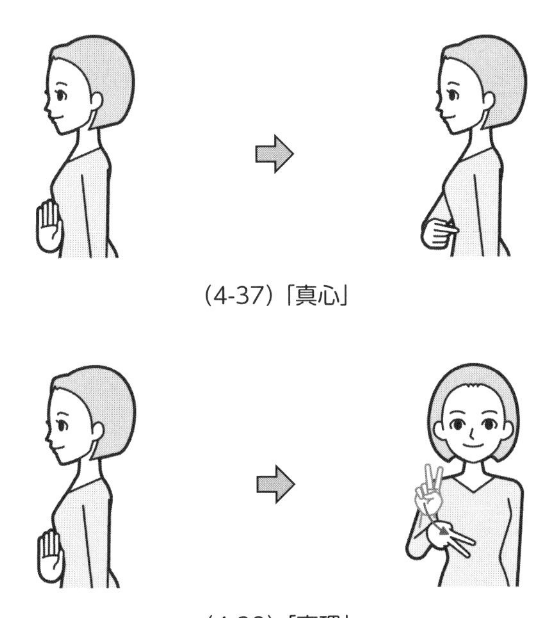

(4-37)「真心」

(4-38)「真理」

(c) 従来の手話の手の形だけを変更する

「財源」は「基づいて、元」という従来の手話の左手の形を「お金」にかえたもの、「財政」は「政治」という従来の手話の右手の形を「お金」に変えて表現します。

(4-39)「財源」　(4-40)「基づいて、元」

(4-41)「財政」　(4-42)「政治」

(d) 従来の手話の手の動きだけを変更する

「天才」は、従来の「かしこい」という手話の手の動きを大きくのばしたものです。

(4-43)「天才」

(4-44)「かしこい」

これらの現象は、手話が手の形、手の位置、手の動きという3つの基本的な構成要素によって成り立っていることを証明した結果となっています。実際、手話を理解するためには、これらの構成要素のことをいつも考えていなければなりません。

4-3　漢字の形を模写する

「行事」は「行」の漢字の縦と横の線を両手で模写したものです。また、「局」は「局」という漢字の四角の部分を左手でつくり、右手で第4画目の縦の線をなぞります。日本手話にとって、漢字はとても有意義で便利な資源です。

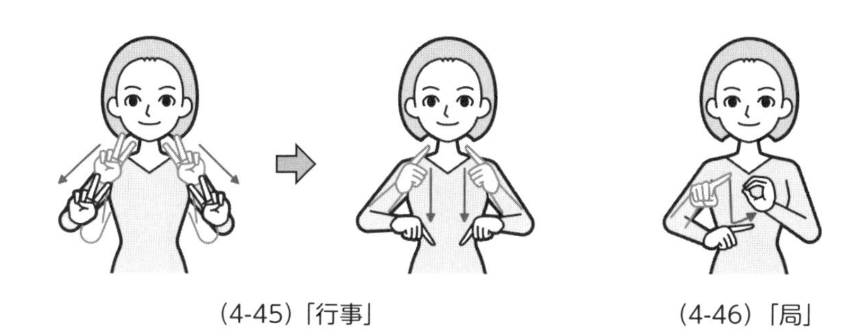

(4-45)「行事」　(4-46)「局」

4-4　国際手話やアメリカ手話などの表現を取り入れる

「性」は国際手話から取り入れたものです(注2)。「プログラム」も同じですが、右手の形が手のひらの全体を使っていたものを、人さし指だけを出すように変化させています。

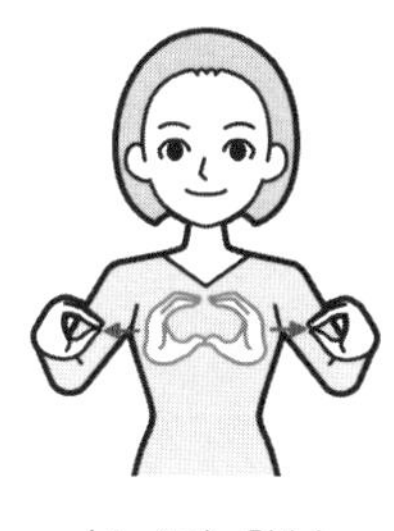

(4-47)「性」

(4-48) 国際手話の「プログラム」☆

(4-49) 日本手話の「プログラム」

「コミュニケーション」はアメリカ手話からの借用です。また、「ジュース」にはアメリカ手話のマニュアル・アルファベット（指文字）が取り入れられています。右手小指で「j」の字形を空書したあと、小指をストロー代わりにして口にあてます。

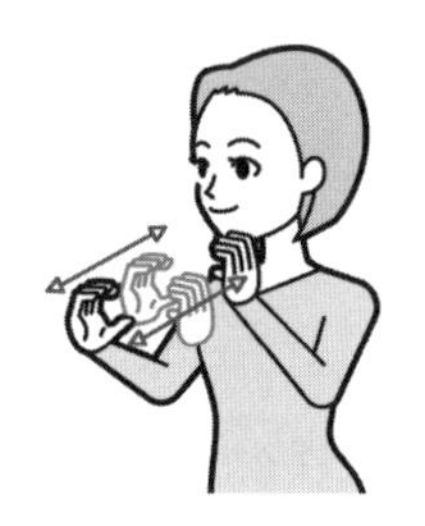

(4-50)「コミュニケーション」

(4-51)「ジュース」

4-5　指文字を組み合わせる

「景気」は、左手で指文字「ケ」をつくり、右手が「経済」の表現をします。「レポート」では、右手に 指文字「レ」の形をつくり、左手の手のひらにのせて前方に出します。

(4-52)「景気」

(4-53)「レポート」

また、「エネルギー」は「力」と指文字「エ」を組み合わせたものとなっています。「エイズ」は従来使われている「病気」という手話の手の形を指文字の「エ」に変更したものです。

(4-54)「エネルギー」

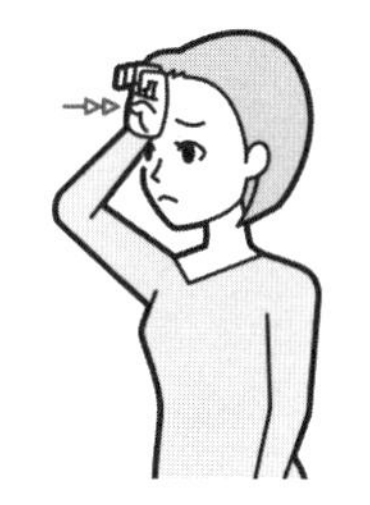

(4-55)「エイズ」

4-6　ひとつの文字にひとつの手話（あるいは指文字）を指定する

日本語では「品」という語は単独で使われるよりも、「商品」「返品」「部品」「学用品」などのように、熟語で使われることが多いでしょう。手話でも同じようにしています。そして、手話の連結による熟語をつくります。

つまり、人さし指と親指で丸をつくり、これを漢字と同じように3か所に積んで、「品」をつくります。これを使えば、「商品」は「商売」+「品」、「品物」は「品」+「物」、「部品」は指文字の「ブ」+「品」、「品質」は「品」+「質」、「作品」は「作る」+「品」というぐあいに表現されます。

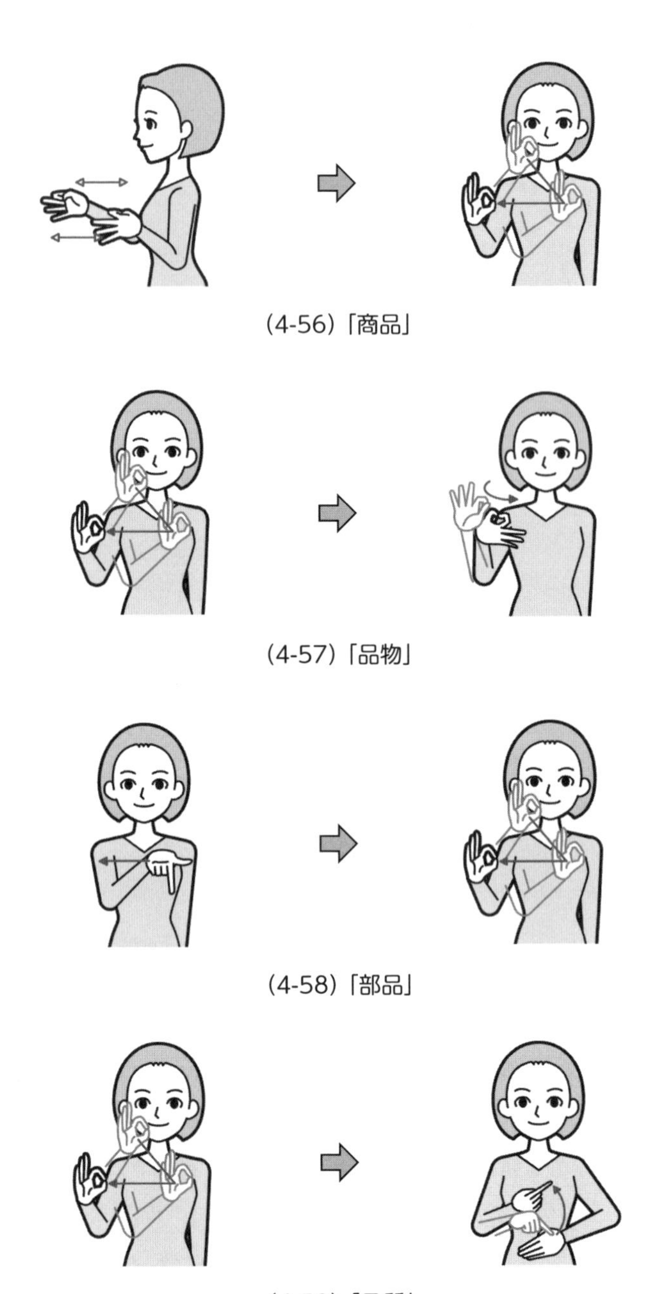

(4-56)「商品」

(4-57)「品物」

(4-58)「部品」

(4-59)「品質」

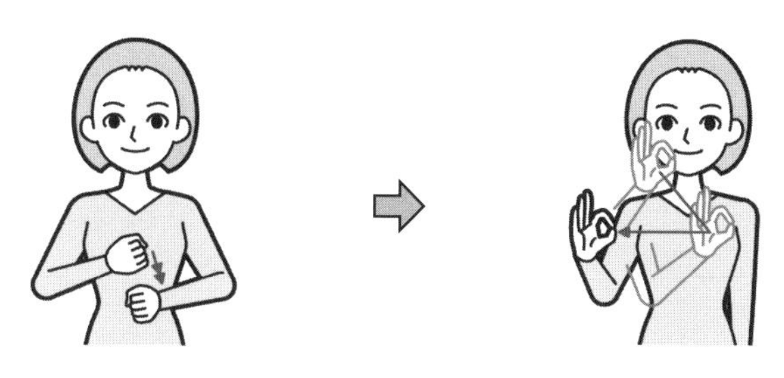

(4-60)「作品」

4-7　事物の形やマークを模写してあらわす

「新幹線」は、先頭車両の形を模写します。「NTT」はこの会社のマークを模写したものです。

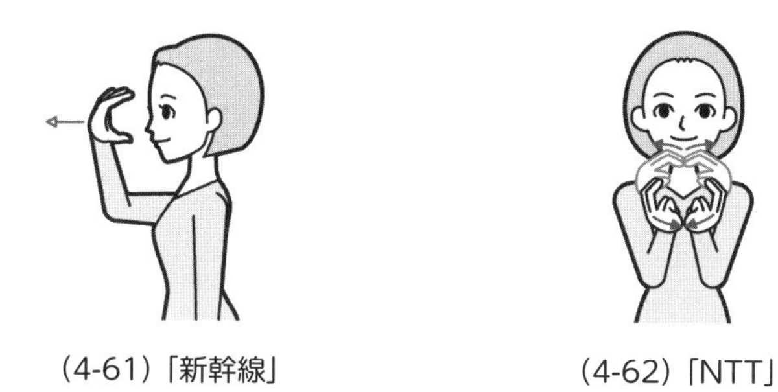

(4-61)「新幹線」　(4-62)「NTT」

4-8　日本人の文化的特徴や生活習慣を反映させる

「人情」は、「男女」をあらわす手の形を顔の前につくり、これを目から涙が流れるように下へおろします。日本人は人情話に涙もろいというイメージからつくられたものです。

(4-63)「人情」

もうひとつ、「降参する」に、日本人ならではの表現があります。親指と人さし指をのばした両手の親指をこめかみにあててから、頭にかぶっていたものを取るように両手をからだの前におろします。これは戦に負けた武士が「兜を脱ぐ」というしぐさで、参る・降参するという意味を表現しています。

(4-64)「降参する」

このように、手話の創作にはさまざまな工夫がなされています。特に、手話の構成要素の一部を組み合わせて語句を形成する方法は、手話言語が持つ構造的特徴をうまく利用したものです。今後はこの方法を大いに利用すべきでしょう。

手の形、手の位置、手の動きを巧みに組み合わせて形成された語句は、見る人が一見しただけで意味をとらえやすいうえに、発信する立場でも表現しやすいものであり、日常生活への定着度も高いことが予想されます。これこそ手話の神髄です。

さらに、国際手話やアメリカ手話を導入することは、日本のろう者の言語活動範囲がもはや国内にとどまっていないこと示しています。日本のろう者は世界にどんどん出かけていきます。そして、外国のろう者と手話を使って交流します。

こうした出会いでは、国際手話やアメリカ手話をはじめ、世界各国の手話を目のあたりにして、これまで以上に世界の手話に興味をもつようになっています。日本手話の語彙拡大には、外国手話からの借用も大きな役割を果たしうるのです。

第５章　造語上の問題点

先に述べたように、日本手話は合理的、かつ生産的な方法で改良・新造がなされていますが、これらの造語法はまだ完成されたものではありません。いろいろな手話辞典を検討すると、いくつか問題点が指摘できます。次にその具体例をあげて考えてみましょう。

まず、「ことわざ」では、左手で「事」の形をつくり、その下で右手が「言う」を表わします。このときの左手の形は「コト」という音に合わせてつくられたものと思われます。音声の語呂合わせのようです。

しかし、「ことわざ」は「古くから人びとに教訓として言い伝えられたことば」の意味であることを考えれば、「事柄」や「事件」よりも、むしろ「昔」「古い」のほうに重要な意味があるといえます。したがって、「ことわざ」は「昔」+「言う」とでも表現したほうが適切ではないでしょうか。

(4-65)「ことわざ」

次に「入門」は両手で「家」の手話をつくり、それを前方に倒します。この手の動きは「入る」という手話の動きを取ったものであり、「師匠の家に入る」という意味をあらわしています。ところが、従来の日本手話に「建てる」をあらわす語があります。

これは手の形が「入門」と同じですが、手の動きを逆にからだのほうへ起こすようにしてあらわします。そこで、「入門」は一見すると、「家が倒れる」や「建立を取りやめる」などの意味に誤解される可能性が出てきます。

(4-66)「入門」

(4-67)「入る」

(4-68)「建てる」

さらに、「方言」では、反復動作の重要性が指摘されます。「方言」は右手で「言う」をおこない、左手が「場所」を表わしています。しかし、左手の「場所」はからだの前で固定せずに、位置を変えながら数回繰り返しておこなうほうが適切であると思われます。「方言」はさまざまな場所で話されることばですから、このときの反復動作のもつ役割はとても重要です。

(4-69)「方言」

つづいて、「真心」と「誠心」については、少々まぎらわしさが感じられます。前に述べたように、「真心」(4-37)は「本当」の手の形を腹の前に置いてから「心」を示しますが、「誠心」は同じように腹の前に置いた手を少し上に上げる動きを加えています。

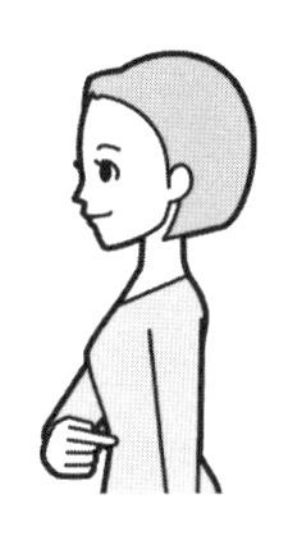

（4-70）「誠心」

単語の単位では両者の区別が可能であっても、文章という語句の流れの中であらわされた場合には、少々の動きの違いでは区別が困難になります。音声言語では「喧嘩」と「献花」のように同音意義語があっても、文脈でなんとかやっていけます。しかし、手話では似たものは見分けがつきにくいので、今あるものはやむをえませんが、新しくつくるものについては避けたほうがよいでしょう。

また、「資源」は左手で指文字「シ」を表わし、その下で右手を水平に回すしぐさをします。しかし、「財源」を造語した際に、「基づいて、元」の手話の左手の形を「金」に変化させています。これを応用してはどうでしょうか。

「資源」で「基づいて、元」の手話を利用して左手の形のみを「シ」に変えればよいと考えられます。こうすることによって「源」という文字に「基づいて、元」の手話を固定させるルールが定着することになります。これにより、規則的な造語法が確立するでしょう。

（4-71）「資源」

（4-39）「財源」

（4-40）「基づいて、元」

このように、現在の造語法には、不十分な点が多くみられます。しかし、次の点に注意をすれば手話にとって自然な語彙拡大パターンをつくることができると思われます。

（1）日本語の音声を利用する際には、単に語呂合わせにならないよう、ことばの「意味」に注目する必要がある。また、指文字を使用する場合には特に注意が必要である。

指文字は元来、日本語の音を表記するためのものなので、あくまでも補助的に使用されなければならない。

（2）どのような場合でも、手話言語の特徴を生かすことを念頭に置かなければならない。

たとえば、反復動作はものの多様性を表わし、対象物が複数であることを伝える重要な要素である。

（3）手話の構成要素（手の形・位置・動き）の一部を組み合わせるさいには、その要素がもつ概念を考慮することが大切である。

たとえば、手を腹の位置に置くことの意味や、前方向や上方向へ動かすことの意味などをとらえることが大切である。

（4）まぎらわしい語句の作成は避け、できるだけ明確に区別できるような造語を目指すべきである。

（5）有効な造語法はできるだけシステマティックに利用する。

たとえば、表現と意味が融合しているかぎり、ひとつの文字に同一の手話を固定させる方法を規則化する。

手話の語彙拡大は世界的にも重要な課題となっています。これに対処するためには、手話の言語体系をじっくり研究し、手話言語の特性を十分に生かした造語法を見極めることが重要です。その基本は、手話の３つの構成要素の体系を、よく理解することでしょう。

同時に、ろう者の日常生活から多くの新しい手話が生まれていることも忘れてはなりません。これらの語句はテキストに紹介されないものの、ろう者の日常生活で非常に効果的に使用されています。これらが広く普及するよう、適切な方法を考える必要があります。

（注１）

ろう者のあいだで使用されている手話のうち、対応する適切な日本語がつけられていなかったものに、日本語ネームをつけて保存するようにしたもの。

（注２）

両手をつまみながら左右に引き離すのは、細胞が分裂する様子をあらわしています。

第5部 ▶

手話ということば

現代の言語学では、人間は生物学的特徴として、生まれながらにして「言語」をもっていると考えられています。聞こえる人は音声言語を、聞こえない人は手話を獲得します。手話は人間のもうひとつのことばなのです。

第1章 人間と手話

人間は生物学的な特質として、「言語」をもって生まれてきます。それゆえ、人間は正常な社会化の環境が整えば、言語を習得せざるをえません。失聴はこの「言語能力」とほとんど関係がありません。言語と話しことばを同一視してはなりません。

聞こえの喪失は話しことばの習得を困難にしますが、そのかわりに手話の獲得をうながします。音声言語は概念を調音によって表現しますが、手話言語は概念を手の操作によって空間に転写します。手が舌の代わりをしているといえるかもしれません。

手話は言語ですから、当然のことながら話しことばと同様に文化を反映します。したがって、日本のろう者は日本手話を使い、アメリカのろう者はアメリカ手話を使います。ふたつの手話はたいへん異なっており、個別に学習しなければ、それぞれの手話を理解することはできません。

人間は複雑な体系をなす言語を、短期間に簡単に発達させます。しかも、誕生から7、8歳までの短期間に、母語の「文法」の大綱を獲得するのです。その獲得がこのように、きわめて短時間になされるのは、実に驚きですらあります。

もちろん、発音、文字、語彙、読み方、書き方、話し方、文体などは、７、８歳では未発達で、以後も学習が継続されます。文法の精密な獲得には、14、15歳くらいまでかかります。

しかも、子どもは言語獲得期間中に、組織的、明示的な言語教育を受けるわけではありません。言語環境のなかで、「涙なしに」母語を獲得します。この言語獲得期間は、世界のすべての民族で共通です。

ある民族は他の民族よりも、言語獲得の期間が長いとか、短いということはありません。しかも、子どもは生まれ育つ社会のどの言語も獲得できるのです。日本人の子どもは、日本語しか獲得できないなどということはありません。

日本人の子どもがアフリカに生まれ育つことがあれば、たいがい日本語とアフリカのことばの２言語を、「涙なしに」獲得するものなのです。人間のこのような言語獲得能力は、学習によって経験的、帰納的に得たものとは、とうてい考えられません。

人間は「言語」を生まれながらに備えているのです。ちょうど、ある種の鳥がひなからかえって、生物学的に定められた時期にくると、自然と種特有のさえずりをするのと似ています。鳥はさえずりを学習するのではなく、その発達は成長の過程に計画されているのです。

ただし、人間が「言語」を十分に作動させるのには、言語環境がきわめて重要です。人間は身のまわりで使われている言語データを検索しながら、言語獲得装置を働かせ、自分の置かれている社会の特定言語を内在化させるのです。

データといっても、聞こえる子どもが耳にすることばは、文法的に完全なものばかりではなく、しかも限られた質と量のものです。しかし、それで十分なのです。ろう児も多くの場合、原初的かつ断片的な手話に接するだけで、十分な手話体系を発達させます。

これがなぜ可能かというと、人間の言語獲得は社会的な学習というよりも、心理的な発達だからです。完全なデータのなかから言語体系を学習するのではなく、身のまわりのデータを刺激として、生得的な言語能力を開花させるのです。ですから、言語獲得には、言語環境は絶対に必要な条件になります。

1-1　人間のもうひとつのことば

聞こえを失うと話しことばの修得は困難になりますが、そのかわりに手話の獲得へとみちびきます。失聴により音声形式を利用できないろう者が、このような言語組織を自然に発達させたという事実は、人間にとって言語が生得的であることを示します。

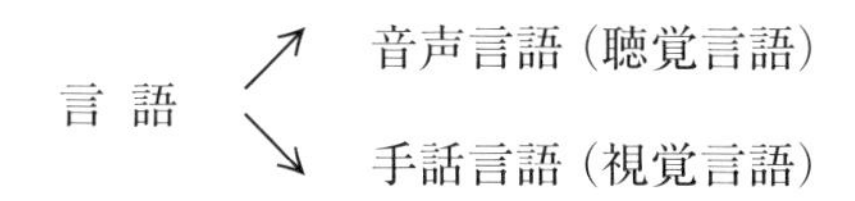

事実、ろうの子どもは聞こえる子どもと同じような言語発達段階を経験します。聞こえる幼児は音声器官を使った喃語（なんご）（「ばぶばぶ」のようにまだことばにならない声）を発しますが、ろうの幼児も指先を動かして何かやっています。

聞こえる子はお人形さんに何か話しかけますが、ろう児も何か手話をします。聞こえる子は何かぶつぶつ、むにゃむにゃ言いながら眠りにつきますが、ろう児はなにか手を動かしながら眠りにつきます。また、聞こえる子は音声言語で夢を見ますが、ろう児は手話で夢を見ます。

このように、手話と音声言語は多くの次元で似ています。このことは、言語は人間にとって普遍的な特質であることを示しています。言語の２つの種類の違いは、音声器官を使うか、手を使うかです。それは聞こえるか、聞こえないかの違いなのです。

言語は概念（意図や意味）を記号として表現するシステムです。音声言語では音声を、手話では動作を記号化します。手話は音声言語にある言語構成要素（音素、語、辞、語句、文）、そして文法（統語法）、社会的変異、ことば遊びなどに相当するすべての側面を備えています。

1-2　言語環境の重要性

同時に、ここで強調しなければならないのは、言語環境の重要性です。人間は言語環境から言語刺激を受けて、言語獲得が可能になります。言語環境とはことばが使われる環境のことで、言語刺激とは人びとが子どもにことばで話しかけ、刺激を与えることです。

ろう児にとっては、手話ができるだけ多く使われる環境に育ち、家族が子どもに手話で接することです。子どもはこれらの言語刺激（データ）をもとにして、自分の存在する社会の特定言語（日本語、日本手話など）の文法を自分のものにします。

言語は生物学的発達なので、人間はある一定の発達期間内に母語話者として言語を獲得するようにできています。このような、言語を成立させるための、決定的、かつ不可欠な初期発達期間は、臨界期（りんかいき）と呼ばれます。

それは誕生から７、８歳までの期間とされています。人間はこの間に、母語の文法を容易に、速やかに、そして自然に獲得します。この時期を長く過ぎると、母語獲得は容易ではなく、不完全になるといわれています。

臨界期に言語を奪われることは、あってはなりません。よく知られているように、聞こえる子がなんらかの事情で音声言語を聞く環境から隔離されると、その言語獲得装置は開花しないので、音声言語を発達させることはきわめて困難になります。

これとまったく同じように、ろう児を手話の環境に置かないことは、その言語発達の機会を奪うことになるのです。言語学者は20世紀の中程から、本格的に手話研究に取り組み、手話は人間のもうひとつの言語であることを証明してきました。

しかし、その識見は一般社会にまではとどきませんでした。ろう児に対して、手話環境を整備してこなかったのです。これは今後、絶対に許してはならないのです。そのためには、一般社会が、そしてろう者自らが、手話は自然な言語であることを、しっかりと認識する必要があります。

第2章　手話のいろいろ

世界中のすべての話しことばには、方言というものがあります。それと同じく、手話にもさまざまな表現方法があります。地域、社会階層、男女、世代などの違いによって手話表現はずいぶん異なるものです。さらに、どの国の手話にも、ろう者が長い年月をかけて自然に発達させた手話のほかに、話しことばの影響を受けた手話が存在します。

そして、多くの国では、国名をつけてその国の手話をあらわします。ですから、日本の手話は日本手話、アメリカの手話はアメリカ手話と呼ぶのが通例です。ところで、話しことばの影響を受けた手話については、多くの国で定まった言い方はないようです。つまり、それは特に聞こえる人の手話表現の一部にみられるものであって、明確な体系が成立しているわけではありません。

2-1　日本手話

日本手話は、日本のろう者がろうコミュニティ（ろう学校同窓会やろうあ団体等）のなかで、自分の気持ちや思い、そしてさまざまな経験を伝え合うためのコミュニケーションの媒体として生み出したもので、手話言語特有の組織と構造をもっています。日本語の影響がないわけではありませんが、語順や表現法などは、ずいぶん異なっています。

これは手話の本質ともいうべき形式で、まさに「もうひとつのことば」というのにふさわしいでしょう。日本語の助詞や助動詞は、ほとんど表示されません。ろう者はこのタイプの手話の方が使いやすいようです。第2部で示した(2-32)「やめたほうがよい」はこの一例です。

2-2　日本語の影響を受けた手話

日本語の影響を受けた手話は、聞こえる人が手話を学習する過程で造り出されることが多くあります。自然な手話に慣れていないため、語順や表現法が日本語の影響を受けやすいのです。「やめたほうがよい」を「やめる」「方法」「よい」とするのは、この一例です（下のイラスト参照）。

もちろん、ろう者はこの種の言い方をあまりしませんが、聞こえる人の手話学習者が増えると、このような手話はだんだんと見受けられるようになるでしょう。言語学習は母語の影響を受けがちなのです。また、最近は、障害者雇用促進法や障害者差別解消法等の、障害者をとりまく法的環境の変化によって、ろう者の社会参加が著しく広がり、専門的知識を要する職場に就くろう者が増えてきました。多くの専門的な日本語に触れる機会が増えてきたことにより、日本手話は話しことばの影響を受けた言い方を飲み込んでいくものと思われます(注1)。

なお、日本では、手話を言語として正式に認知する法制度の制定運動が広がっていくなかで、従来の「手話」に加えて「手話言語」あるいは「手話語」のような新しいことばを創り出す動きも見られます。これは、手話が言語であることを明示しようとする努力の一環で、ろう者の真摯な願いが込められています。

(5-1)「やめる」

(5-2)「方法」

(5-3)「よい」

第3章　手話と話しことばの発話数

人間は話しことばを使っても手話を使っても、言いたいことを表現するのには、ほぼ同じくらいの時間を費やすといわれています。しかし、その表現単位の数は、話しことばのほうが手話の場合よりも約2倍も多いといわれています。

つまり、同じメッセージを伝達するのに、話しことばの語句のほうが、手話の数よりも、約２倍多いということになります。日本の手話で、助詞や助動詞などの機能語、付属語があまり用いられないのは、手話という言語様式が内蔵する組織上の制限によるものと考えられます。

ここで、アメリカの手話言語学者U・ベルージ（Ursula Bellugi）のデータ（"Studies in Sign Language," 1971, 未公刊資料）を検討しておきましょう。彼女は、アメリカ手話と英語の両方を母語とする聞こえる人を被験者として、次のような実験をおこないました。

すなわち、被験者に簡単な身の上話をまず英語で、そして次にアメリカ手話で語ってもらい、それぞれを録音、録画しました。その結果、次のことが判明しました。まず、身の上話に要した時間は、話しことばでは２分24秒、手話では２分36秒で、ほとんど差がありませんでした。

次に、物語に要した語とサインの数は、405語と272サインでした。これをポーズの時間を除いて秒平均でみると、4.0語対2.1サインとなり、音声言語のほうがほぼ２倍の表現単位を使用することがわかりました。このデータの一部を次にまとめておきます（Bellugi, 1971, p. 7 ）。

	話しことば	手話
身の上話の時間	2'24"	2'36"
要した語、サインの数	405語	272サイン
秒平均（ポーズの時間を除く）	4.0語	2.1サイン

SPOKEN（英語）	SIGNED（手話）
And so I turned on the gas but I couldn't find a match so I looked in the drawer but there weren't any in there and so I had to look around So I went down the hall and into the bedroom and into drawers and every which-way trying to find matches	I turn o-n g-a-s I start search for match Most time match in drawer I look-in gone, none match Well, I have-to start look match I go in bedroom, in drawer, look try to find match

（注意：o-nとg-a-sは指文字、look-inとhave-toは１サイン）

このデータからも分かるように、人間が発想を表現する時間は、音声言語であっても手話言語であっても、基本的にはほとんど同じです。一方、様式に内在する動作的、調音的制約により、手話の発信の方が、音声の発信よりも一般により多くの時間を要します。

その結果、自然な表現時間を維持するならば、手話の表現単位は音声言語の表現単位と比べて減少せざるをえません。アメリカの手話では、冠詞や前置詞などの意味論的に余分な、あるいは冗長な要素はほとんど表現されていません(Bellugi, 1971, p.8)。

同じような現象は日本手話にも見られます。全国手話通訳問題研究会(全通研)(第6部参照)発行の『手話通訳問題研究』第134号(2015年)に紹介されている、ろう者の手話語り(思い出話)の一部を次に示します。

手話表現	日本語訳
両親、(呼びかけ)、私、バスケットボール、したい、両親、無理、ろうあ、無理、小学生、(指さし)、バスケットボール、限界、(指さし)、ろうあ同士、(指さし)、私、目を合わせる、気持ち、合う、できる、おしゃべり、私、楽しい、気持ちよい	親に「バスケットボールをしたい」と言うと、「聞こえないから無理」と言われた。小学生と一緒のバスケットボールには限界があったが、ろう者同士ではアイコンタクトで気持ちを合わせることができ、楽しくおしゃべりもできた。

ここで明らかなように、手話表現では25語が使われていますが、日本語に翻訳すると46語(注2)になります。この例でもわかるように、手話は音声言語よりも、およそ半分の表現単位で成り立っています。これは動作言語と音声言語の表現様式の違いがもたらす結果といえます。

手話では、複合表現、空間移動、そして顔の表情などで、話しことばの機能語の役割をはたしています(第3部参照)。ですから、助詞や助動詞などの意味論的に余分な、あるいは冗長な要素があまり使われないのは、手話にとって自然なことなのです。

手話は空間を多元的に使い、語句を複合的同時的に発信します。手話を話しことばと同じように系列的継続的に操作することは、手話のしくみを十分に利用したことになりません。手話を音声言語と同じ表現形式にしようとする試みは、手話の自然性を損なうことになるのです。

こういった単純な人工的操作は、実行が困難であると同時に、無意味な場合が多いのです。「言語計画」は言語の特質を充分に考慮に入れなければなりません。言語の特質は、未知の部分が多いので、言語計画はよほど慎重に行わなければなりません。

私たちはまだ手話とはどういう言語かについて、的確な知識を十分に蓄積していません。手話の研究者はこのしくみをさらに解明する必要があります。ひとつの舌とふたつの手が産み出す言語の違いは、実に興味がつきません。

第4章 手話の表記～手話文字へのしおり

話しことばは発展の途上で、文字をもつようになりました。さらに、研究者は研究のために、その記号化も達成しました。どちらも、話しことばの誕生から、長い年月を経て、試行錯誤の結果、現在の形に落ち着いています。

手話は言語として認知されてから、まだ間もないので、文字や記号の開発は実験段階にあるといってもよいでしょう。研究者のあいだでは、発音記号や音素記号に匹敵する体系が造られていますが、文字については、その意義の議論も含めて、端緒的段階にあると思われます。

4-1 手話の記号化

手話の記号化の体系的な研究は、アメリカの言語学者W・ストーキー(William C. Stokoe)によって、世界で初めて提案されました。彼はアメリカ手話を分析して手話の構成単位を抽出し、それぞれの単位に独自の記号をつけました。

その成果は1965年出版された『アメリカ手話辞典』(*A Dictionary of American Sign Language on linguistic Principles*)に、詳細に記述されています。そして、本書は手話の研究者に大きな刺激を与えました。以降もアメリカを中心に、有意義な記号化案が開発されています。

私たち著者も共同研究者とともに、日本手話の構成要素を分析して、その記号体系を提案しました。そこでは、日本手話の手の形、手の位置、手の動きを識別し、そのひとつひとつにアルファベットや日常的によく使われる記号を指定しました。次に、「赤」と「新しい」を例にして、これを簡単に説明します。

（1）（赤）

(5-4)「赤」

「右手人さし指だけを立てた手を、手のひらを手前に向けて唇にあて、右へ引く」は、次のように表記します。これにより、「赤」は以下の構成要素を組み合わせてできていることが分かります。

「赤」H１[-P]MO=→

手の形：　H１[-P]（Hは手（Hand）を意味する、数字の１は人さし指（１番）だけ立てた手の形、[-P]は手のひら（PalmのP）が相手側に見えない（-の記号をつける）ことを意味する）

手の位置：MO（口（Mouth）を意味する）

手の動き：=（こすることを意味する記号）、→（右手が左から右へ動く）

（2）「新しい」

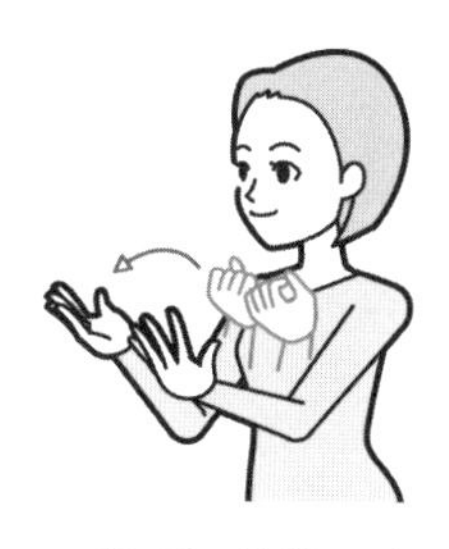

(5-5)「新しい」

「指先を合わせて（何かをつまむように5指をすぼめて）上に向けた両手をからだの前に置き、ぱっと手を広げる」は、次のよう表記します。その構成要素は以下です。

「新しい」P12345[↑P]P12345[↑P]SN◯

手の形：　P12345[↑P]（Pはつまむ（Pinch）手の形を意味する。12345は5指すべて（1番～5番までの指）の意味。[↑P]は手のひら（Palm）を上向き（↑）にしていることの意味。手の形が2回書かれているのは、右手と左手が同じ形であることを意味する）

手の位置：SN（Sはスペース（Space）、Nはニュートラル（Neutral）を意味する。すなわち、「手話空間は、上半身前面で自然に手話をする位置」の意味。）

手の動き：◯（手を開くことを意味する記号）

いかがでしょうか。ずいぶん、ややこしいと感じると思います。たしかに、記号化は語の構造を知るには役に立つかもしれませんが、このような表記法はただ記号が並んでいるだけで手話らしさは見られません。つまり、日常生活で手話を表記するには不向きです。

しかし、手話研究ではこのような記号化は、絶対に必要です。これにより、手話の構成がどのようになされているかが、わかります。手話語句の比較も、構成要素の観点から、形式的に明示されます。その結果、手話の体系的把握が可能になるのです。

4-2　手話の文字化

次に、手話文字のことを考えてみましょう。実は、手話の文字化も試みられています。手話文字として最も注目できるのはサットン方式と呼ばれるものです。これはアメリカの運動分析家V・サットン（Valerie Sutton）によって考案されたものです。

これは非実用的な記号の使用をできるだけ控えて、手話のもつ言語的特性を活用し、自然な形で記述する手話文字システムです。これはサインライト（SignWrite）として世界各国でも注目されており、今ではコンピュータソフトで手話を記述できるようになっています（valeriesutton.org）。

私たちはこれを日本手話に応用し、手の形・手の動きなどに改良を加え、よ

例１：手話文字による「桃太郎」の一部

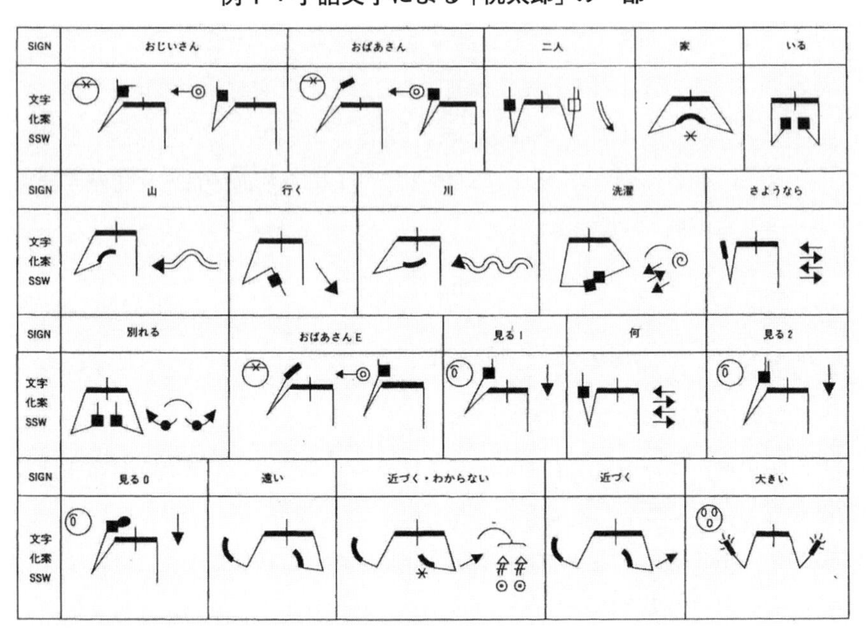

り普遍的な手話文字システムの完成をめざしています。例１に示すのは、改良したサットンシステムで書いた「桃太郎」の一部です。金沢市に住むろう女性が自然な手話で語った表現を、そのまま基本的なSignWriteで表記してみました。今では簡略的な表記もできますが、ここではSignWriteの元来の特徴がわかるように、あえて肩や腕の線をいれて表記したものを紹介します。

地域による表現のちがいもあり、標準日本手話として学習辞典に紹介されているものとは異なる表現もみられますが、肩の線、腕の線、手の形と動きのシンボルなどが象形的に表記されています。初期の漢字に似ていると思いませんか。

このシステムでは、手話で非常に重要な役割をする顔の表情も必要に応じて表記されます。文字ですから、句読点記号も存在します。SignWriteは、研究者が使う手話記号とはまったく違うことが、一目瞭然に分かるでしょう。

皆さんはこれを見て、どう感じますか。なんとなく手話表現が分かるのではないでしょうか。文字に合わせて、動きをやってみたくなりませんか。手話文字は画像よりも抽象的で、手の形、位置、動きを象形化しています。聞いたことばを書き下すように、見た手話を書き留めたいと思いませんか。

このように、SignWriteは手話文字として、多くの可能性を秘めたユニークな表記法です。もちろん、どの言語の文字も長い時間をかけて、少しずつ確立するものです。SignWriteも改善の余地は多々あります。

また、文字はすぐに覚えられるものではありません。そもそも、文字は学校で学習するものなのです。ですから、SignWriteの読み方、書き方をマスターするには、教育現場で初級から段階的に学習する必要があります。難しいといって、あきらめてはなりません。

日本では、こういった手話文字への関心は低く、まだ普及していません。しかし、アメリカやヨーロッパでは、このシステムを利用して手話新聞や文学作品などが創造されており、これまでになかった新しい手話表現様式として定着しつつあります。日本でも、もっと活用されることが期待されます。

（注１）

このような現象の一般的原理は、ものごとの普及には、変容が求められるということです。新しい利用者がそれらを自分の使いやすように変えていくのです。変容が許容されないかぎり、普及はきわめて困難です。マクドナルドがインドに出店するとします。インドはヒンズー教徒が多く、彼らはビーフをタブーとしているので、ビーフバーガーは提供できません。それでは、マクドナルドはインドに出店できないかというと、そうではありません。インドのマクドナルドは人気スポットです。人びとはマトンバーガーやチキンバーガーをほおばっているのです。ことばもこれに似ていて、インドでは英語が公用語のひとつになっていますが、その英語はイギリスやアメリカの英語とはずいぶん違い、インド化しているのです。同様に、どの国でも、手話が聞こえる人のあいだに普及すると、その手話は聞こえる人の言語的文化的特徴を多少なりとも反映するようになるでしょう。

（注２）

この文章を「語」の単位に区分すると、一例として次のようになります。「親、に、バスケットボール、を、し、たい、と、言う、と、聞こえ、ない、から、無理、と、言わ、れ、た。小学生、と、一緒、の、バスケットボール、に、は、限界、が、あっ、た、が、ろう者、同士、で、は、アイコンタクト、で、気持ち、を、合わせる、こと、が、でき、楽しく、おしゃべり、も、でき、た。」

第6部 ▶ 手話と社会

手話はろう者が自然発生的に造り出したことばです。もちろん、その試みのなかでは、聞こえる人の多大な協力がありました。ここでは、ろう者と手話をめぐる社会的状況を、かいつまんで見てみましょう。
手話を積極的に学ぶ人びとには、以下のことがらに興味をもってもらいたいと思います。すなわち、ろう者の歩み、手話サークル、手話通訳と手話通訳士、全国手話検定試験、手話が発展する社会的条件、そして手話言語法などです。

第1章 日本のろう者の歩み

日本の文化と言語の多様性を考えるとき、ろう者の活動と手話の発展を忘れることはできません。

ろう者は少数者集団であり、手話も少数者言語ですが、彼らは地道な活動をとおして自立と平等を訴え、広範囲な社会参加を求めてきました。現在のところ、彼らは完全な社会参加の機会を獲得しているわけではありません。

それでも、以前と比べると、状況はかなり好転していると思われます。ここでは、ろう者の手話活動に焦点をしぼり、手話が聞こえる人の目にふれ、手にのぼるようになったいきさつを見てみましょう。

日本のろう者の集団意識は、1878年の京都盲唖院設立によって形成されたと考えられます。それまでひとりひとりバラバラに暮らしていたろう者が、やっと集団で学びあい、交流しあう場が設けられたのです。

やがて1891年には、日本で最初のろう者の集団である東京盲唖学校唖生同窓会が結成されました。ろう者のコミュニケーション手段であった手話はろう教育に採用され、言語として大いに発達する機会を得ました。

ところが、1925年ごろになると、手話教育を主流としていたろう教育は、口話教育へと切り替えられました。この時代では、手話に対する偏見を是正する合理的根拠を思索することもできず、また障害のない人を中心とした富国強兵政策が進められていたのです。

しかし、このような荒波の中においても、地域的であったろう者集団は全国的な集団として発達をとげ、1925年には日本聾唖協会が設立されました。これは第二次世界大戦の影響で一度は解散させられたものの、戦争終結後の1947年に全日本聾唖連盟（当時、現全日本ろうあ連盟）として発足し、会員数19,369名（2017年３月31日現在）を擁する全国的なろう者団体に成長しました。

現在、ろう者の自立と平等の機会の獲得をめざしたろうあ運動の母体となっています。なお、日本の聞こえない人の数は定かではありませんが、平成18年身体障害者実態調査（厚生労働省）では、18歳以上の聴覚・言語障害者は34万３千人と報告されています。

第２章　手話サークル

日本でろう者と手話が社会一般に広く知られ、理解されはじめたのは、ろうあ運動の大きな成果です。同時に、聞こえる人の協力も重要な要因と思われます。特に興味深いのは手話サークルと呼ばれる市民グループの活動です。

これは聞こえる人とろう者が一緒になって手話を学び、お互いに交流するグループ活動をさします。最初の手話サークルは「みみずく」と呼ばれるもので、1963年京都に誕生しました。

ことの起こりは、病院に入院した１人のろう者と看護師さんとの出会いと交流でした。これに注目した当時の京都府ろうあ協会の協力により、看護師、学生、若い労働者などが中心となり、聞こえる人が手話を学ぶ市民サークルが生まれました。

この手話サークルの特色は、ろう者と聞こえる人がまったく平等の立場で社会的連帯をうたったことです。「みみずく」の会則には、「手話を学んでろうあ者の良き友となり、すべての人に対する差別や偏見をなくしてゆくために努力し、その活動を通じて私たち自身も向上していく」という、学習や事業の目的がうたわれています。

これが大きな社会的反響を呼ぶなかで、全国各地に続々と手話サークルが結成されていきました。その後、日本における手話サークルはおよそ1,600以上、参加者は32,000人以上という数に成長しています。

第3章 手話通訳

手話の存在が広く知れわたるなかで、手話通訳も日の目をみるようになりました。画期的なできごととして、1966年、京都府議会において議員がろう者問題について知事に質問するさいに、議場に手話通訳を設け、これを多数のろう者が傍聴したことがあげられます。

また、1967年には東京の一角で、総選挙の立会演説会のさいに手話通訳がおこなわれました。こうしたことは、その後全国に広がり、手話通訳の重要性が徐々に認識されるようになりました。そして、多くの市民の目にとまり、手話への関心を高めたのです。

全日本ろうあ連盟は各地で国に対して、あるいは地方自治体に対して、ろう者のための手話通訳保障の運動を粘り強く取り組んでいきました。国会、地方議会に対する請願、政府・自治体に対する陳情、あるいは一般市民の協力を求めて、街頭デモや署名運動と、さまざまな方法で運動を進めたのです。

その結果、国の段階では、手話奉仕員養成事業が1970年に開始されました。また、1973 年には手話通訳設置事業が、さらに1976年には手話奉仕員派遣事業が地方自治体に対する補助事業として開始されました。

このような国の事業に先んじて、地方自治体によっては、手話通訳者を公務員、嘱託、あるいは聴覚障害者団体などの団体依託として採用し、通訳設置、通訳派遣をおこなうようになりました。その後、通訳の身分保障とその数や内容に問題を残しながらも、辺地を除いて全国的に手話通訳の公的保障が可能な状況になりました。

手話の公的認知やろう者のコミュニケーション保障についてはまだまだ不十分な点がありますが、日本の手話通訳制度は、かなり充実しており、アジア・太平洋諸国のリーダー的存在になっています。日本のろう者はこういった国々の人びとと交流を重ねています。

こうして手話通訳の有効性が確立すると、手話通訳の専門家グループも誕生しました。1968年、福島市で開かれた第17回全国ろうあ者大会と併行して、第1回全国手話通訳者会議が開催されました。その後、手話や手話通訳とかかわる人たちの学習と研究の組織を本格的にもちたいという意識が高まってきました。

その結果、1974年に全国手話通訳問題研究会（以下、全通研）が誕生しました。初年度の会員は258名でしたが、現在は一般社団法人として活動し、全国47都道府県すべてに支部を置いています。会員数は10,427名（2017年1月末現在）にまで成長しています。

1975年に全通研は研究誌『手話通訳問題研究』の創刊号を発行しました。現在、この研究誌は年に4回発行されていますが、2017年春には第140号が発行されました。また、研究誌のほかにも『全通研会報』を発行し、手話通訳に関する情報をタイムリーに提供しています。

もうひとつの全通研の代表的な活動には、独自に開催している研究集会（毎年夏に開催）があります。この研究集会では例年たくさんの分科会を設置し、熱心に討論がおこなわれています。

このように手話通訳者が全国規模で活動を展開するようになったのは、各地の手話サークルや全通研支部がかなり力をつけてきたことの結果といえるでしょう。最近、全通研は次世代活動委員会（通称「全通研N-Action委員会」）を立ち上げました。これまで以上に若い世代を中心にして、聴覚障害者団体とともに地域の福祉向上のための活動を継続していくことでしょう。

第4章 『わたしたちの手話』と『日本語 - 手話辞典』

全日本ろうあ連盟では、このような手話、そして手話通訳に対する関心の高まりに呼応して、1969年に『わたしたちの手話（第1巻）』を発行しました。これには、545の日本手話の基本的な語句・表現がイラストつきの辞書形式で掲載されており、ろう者と聞こえる人のあいだで好評を博しました。

第1巻の発行が好評であったために、その後第2巻から10巻までが次々と発行されました。全10巻には事業、法律、政治、教育、福祉、医療など多方面から、およそ4,000語句が収録されています。

このシリーズの出版は、これまで一般になかなか理解されなかったろう者社会について理解を深め、さらにろう者と聞こえる人のコミュニケーション・ギャップをなくそうとする全日本ろうあ連盟の努力の反映でした。

このシリーズがこれまでに100万部以上売れたということは、このような努力が成功したことを示しています。日本のろう者にとっては、日常言語である手話が正式に記述され、標準的手話という形で印刷されたのは初めてのことです。その結果、彼ら自身が手話に大いに関心をもつようになりました。

手話の表現は個人や地域によって違いがあるため、語句の選択と形式についてはかなりの異論があったものの、このシリーズの完成は今後の手話の発展をうながすパイオニア的存在として高く評価されました。そして、国内の手話サークルや手話講習会では必ず学習書として利用され、わが国で最も普及した手話語彙集といえます。

全日本ろうあ連盟では、1977年からこのシリーズに会話編を加え、『わたしたちの手話（会話編）』を1巻から3巻まで出版しました。また、1987年からは『わたしたちの手話』全10巻の改訂版の編集に着手し、内容をさらに充実させました。

さらに、現代社会に対応して、従来の日本手話にはなかったような新しい語句の作成を手掛け、『新しい手話Ⅰ』も刊行しました。その後、『新しい手話Ⅳ』まで継続して発行しましたが、2004年からは、冊子の名称に西暦を取り入れて『新しい手話2004』というタイトルに改め、以後毎年一冊ずつ発行しています。

現時点で最新刊の『新しい手話2017』には、社会・自然・生活の場面で広く使われる語句のほか、日本国憲法に関連する語句も掲載されています。また、この最新刊から、掲載されている新しい手話の動画がスマートフォンなどで見られるようになりました。

1997年には、全日本ろうあ連盟日本手話研究所から『日本語－手話辞典』が発行されました。全日本ろうあ連盟創立50周年を記念して編集されたもので、全2,206頁、用例を含めて約8,200語の手話を収録する待望の本格的な手話辞典が出版されたのです。これまでに約35,000部出版されています。

さらに、2011年には改訂版『新日本語-手話辞典』が発行されました。旧版よりもサイズが大きく、見やすくなり、会話例を1万語以上収載しています。使用頻度の高い日常会話例が豊富に取り上げられていること、手話表現のイラストが表情豊かに書かれ、解説も充実していること、索引も使いやすくなったことなどが大きな特徴です。『新日本語-手話辞典』は、2011年～2017年2月までに約17,000部出版されています。

なお、手話学習者のバイブル『わたしたちの手話』シリーズは、2010年には1巻～10巻と、『新しい手話』Ⅰ～Ⅳ、『新しい手話』2004～2009などの中から基本語句を選定し、『わたしたちの手話 学習辞典』として生まれ変わりました。

1つの手話に複数の日本語を対応させたこと、手の形からも単語を引けるレイアウトになったこと（つまり、手話の構成要素の観点を取り入れたこと）、すべての語句に全国手話検定試験（次章参照）の対応級が書かれていることが大きな特徴です。

第5章　全国手話検定試験

ろう者が豊かな社会生活を過ごすためには、手話通訳やボランティア通訳の存在は不可欠ですが、一人でも多くの一般の人びとが手話でろう者とコミュニケーションできる社会を実現することが何よりも大切です。このような時代のニーズに応えて、2006年に全国手話研修センター（以下、研修センター）は「全国手話検定試験」（以下、検定試験）を開始しました（kentei.com-sagano.com）。

この検定試験は日本手話の学習者であればだれでも受験できます。５級、４級、３級、２級、準１級、１級の６つのレベルからなり、１級が最上級レベルです。下の表１が示すのは、各レベル（級）に関する標準的な学習効果の詳細です。

５～３級までは実技試験のみ、２級以上には実技のほかに筆記試験も課されますが、手話によるコミュニケーション能力を評価・認定するのが本試験の目的ですから、すべての受検者には、ろう者（会場によっては聞こえる人）の面

表１　　全国手話検定試験　各級の詳細

級	レベルごとの領域	手話学習歴のめやす	受験に必要な手話単語数
５級	自己紹介を話題に会話ができる　（名前、家庭、趣味、誕生日、年齢、仕事、住所など）	６ヶ月	約200～300
４級	家族との身近な生活や体験を話題に会話ができる（１日、１週間の生活やできごと、１年間の行事やできごと、思い出や予定など）	１年	約500～600
３級	日常生活の体験や身近な社会生活の体験を話題に会話ができる　(友だちや近所の人、職場の同僚などと、子どものこと、健康のこと、職場のことなど)	１年半	約800～1,000
２級	社会生活全般を話題に平易な会話ができる（旅行、学校、公的な挨拶、仕事、福祉事務所のことなど）	２年	約1,500
準1級	社会活動の場面を話題に会話ができ、一部専門的場面での会話ができる　（学校、職場、地域、活動（自治会、保護者会、サークル、趣味）のことなど）	２年半	約2,200
１級	あらゆることを話題に、よどみなく会話ができる	３年	約3,000

（『これで合格!2016全国手話検定試験』p.6を基に作成）

接委員と手話でコミュニケーションをする面接試験が課されます。合格者が、それぞれのレベルに応じてどのような社会活動ができるのか、手話でのコミュニケーション能力の活用例を示す「Can-doリスト」も作成されています。

これまで、手話通訳を志す人たちを対象とする手話試験は実施されていたものの、検定試験のように、日本の手話を学習している人ならだれでも受検できる全国試験の実施は、世界でも例をみません。2016年には第11回検定試験がおこなわれ、５級～１級の受検者数合計は１万人を越え、受検者数は回数を重ねるごとに増加しています。

第６章　手話通訳士認定制度

以前から、ろう関係者は厚生省（当時、現厚生労働省）に対して、高度な技術を持つ手話通訳者を専門家として公認するよう要請してきました。同省はこれを受け、1989年より手話通訳士認定制度を発足させました。それは、手話通訳に関する知識と技能について試験をおこない、これに合格した者を手話通訳士として認定するというものです。

この制度の目的は、手話通訳技能の向上をはかり、さらに手話通訳をおこなう人びとの社会的信頼を高め、聴覚障害者の社会参加を促進し、あわせて手話の発展を促進することにあります。現在、日本の各地方自治体で「手話言語条例」が制定されているなかで、手話通訳のニーズはますます高まっています。

手話通訳士試験では、高度な専門能力が求められます。すなわち、高度な通訳技能に加えて、聴覚障害、聴覚障害者の生活、通訳理論、音声言語と手話との違いなどについて十分な理解があるかどうかが問われます。試験は学科試験と実技試験に分かれます。

学科は当初、「ことばのしくみ」「国語」「手話の知識」「聴覚障害者と社会」「手話通訳のあり方」となっていました。「ことばのしくみ」では、音韻、語形、文、言語習得、言語と社会などの広い範囲から出題されました。

1999年度（第11回試験）からは学科の科目を見直し、「障害者福祉の基礎知識」

「聴覚障害者に関する基礎知識」「手話通訳のあり方」「国語」の4科目としています。試験の正式名称は「手話通訳技能認定試験」となっていますが、一般にはこれまでどおり「手話通訳士試験」として知られています。

この制度が発足した1989年度には197人、翌年1990年度には124人の手話通訳士が誕生しました。以来、2016年度の試験に合格した119人までを合計すると、誕生した手話通訳士の数は3,552人を数えます。平均合格率は15.1%ですから、合格するのはかなり難関です。従来の手話通訳はボランティア活動の一環と考えられており、専門職として正当に評価されていませんでしたが、手話通訳士認定制度はこの問題に対処する第一歩となりました。

この厚生省が中心となった手話通訳士認定制度の検討にあたっては、関係官庁として労働省（当時、現厚生労働省）からの参加もありました。これは同省が「障害者雇用促進法」を実行するにあたっての配慮と考えられます。

すなわち、官庁・企業等が聴覚障害者を雇用するさいに、ろう者の手話生活を保障し、同時にろう者と聞こえる人の円滑なコミュニケーションを築く手段として、手話通訳の重要性を認識するように労働省が官庁・企業等を指導する必要性を意識したからといえます。ろう者の社会参加には手話が必要なのです。

事実、1960年にこの法律が制定されてから、ろう者の雇用は徐々に促進され、職場の中で手話の使用も少しずつ増加しつつあります。銀行やデパートの一部では、早くから手話を使用する顧客への対応として、窓口での手話対応をおこなっています。

これらサービス業では、窓口や案内の社員を中心に、「今日はどんなご用でしょうか」「なにかお手伝いすることはありますか」など、定型表現の学習や、聞こえない顧客に接するときの留意点（口の動きが分かるように口形をはっきりさせ、正面から接するなど）の研修をおこなっています。

さらに、「手話バッチ」の着用や「手話プレート」を出しているところもあります。顧客であるろう者へのサービス向上や的確な対応は、企業としての社会的責任を果たすだけでなく、その企業の評価につながります。

第7章 手話が発展する社会的条件

ろう者の社会的地位を高め、彼らの母語である手話の使用を確立するためには、次の5つの条件を整備する必要があります。

(1) ろう者がろう文化に誇りをもち、手話の言語としての正当性と手話を使用する権利を主張すること。
(2) 多くの聞こえる人が手話を学び、手話の普及に協力すること。
(3) 手話の構造と機能について、言語学的研究を振興し、手話の十分な発展を促進すること。
(4) ろう者のさまざまな職場における雇用を促進し、社会参加を保障すること。
(5) ろう教育で手話の使用を認めること。

日本では、(1) ろう者の主張、(2) 手話の普及、(3) 手話研究、(4) ろう者の雇用については一定の進歩がみられますが、(5) ろう教育における手話の採用についてはあまり進展していません。これは世界的な傾向でもあります。

1880年にイタリアのミラノで開催された国際ろう教育会議で、ろう教育において手話の使用を禁止する宣言が採択されてから、口話主義がろう教育の主流となりました。ろう者の手話は原始的なパントマイムかジェスチャーとみなされ、単純なコミュニケーションしかできず、抽象的な概念や複雑な思想を伝達する言語組織ではないと考えられたからです。

しかし、本書で一貫して述べているように、手話は高度な知的、情緒的活動を十分に表現しうる言語組織をもっています。新しい時代の新しい言語生活のなかで、ろう者は今後このしくみを最大限に利用していくものとして期待されます。

そして、上にあげた (1)～(4) の条件が充実するなかで、ろう教育のなかにも手話を使用することを求める原動力が生まれるものと考えられます。後で述べる「手話言語法」はそれを求めています。

実は、その根拠は、1991年に東京で開催された第11回世界ろう者会議にあります。この会議には世界56ヶ国から800名、日本から6,400名が参加する大会合となりました。全日本ろうあ連盟がこの国際会議の組織母体となりました。

そして、手話と手話通訳がコミュニケーションの媒体として最大限に利用されています。このことは、手話があらゆることがらを表現しうる言語手段であることをはっきりと証明したことにもなります。

この会議ではいろいろな催しに加えて、９つの科学分科会がもたれ、専門家による研究・討論がおこなわれました。それらは、次の分野を網羅しています。1.医学・聴覚学、2.心理・精神医学、3.教育学、4.社会・職業・労働、5.芸術・文化、6.手話、7.通訳、8.精神的ケア、9.補助機器。

手話委員会のテーマは次のように設定されました。すなわち、（1）各国で手話の地位を強化すること、そして、（2）各国で手話研究の成果を教育に応用すること、です。

これに先だち、世界ろう連盟の手話委員会では、以上の目標を達成するために、世界のろう者ならびにろう関係者に次のような提言をしました。

１.各国政府にろう者の手話を固有の言語として公式に認めるように呼びかけること
２.手話をろう児の第一言語と認めること
３.手話の研究調査体制を確立すること
４.手話の教育と学習をいろいろなレベルで推進すること
５.手話通訳制度を確立すること
６.テレビ番組に手話使用を広範囲に組み入れること
７.手話関係の出版物を増大すること

手話委員会では、このテーマにそって、日本、アメリカ、ラテンアメリカ、ヨーロッパ、アフリカなどの各国の参加者による研究発表がおこなわれました。そして、手話をとりまく諸問題が提起され、解決への道が模索されました。

会議では、日本語、英語、フランス語、日本手話、国際手話が使用言語となりましたが、さまざまな交流会ではもっといろいろな手話が飛び交いました。私たち著者は手話委員会に出席し、「日本の手話事情：問題とその解決策」という論文を発表しました。世界のろう者は日本に大きな関心を寄せており、たくさんの質問があったことを覚えています。

第8章 手話言語法をめぐって

日本ではこのところ、ろう者、手話通訳者、そして国政・地方自治体の立法・行政関係者などのあいだで、手話言語法の制定を求める声が高まっています。事実、地方自治体では、これに先駆けて、手話言語条例が採択されはじめています。

手話言語法は正式には、「日本手話言語法案」と呼ばれるもので、全日本ろうあ連盟が2012年に起案しました。諸般の事情で、国会の審議にまで至らず、制定までには紆余曲折があるものと予想されます。関係者のいっそうの努力が期待されます。

2017年2月に「日本手話言語法案」の修正案が提起されていますが、その内容は第1条（目的）に、よく描かれています。詳細は同連盟のホームページに掲載されています（jfd.or.jp/sgh）。

（目的）

第1条

この法律は、日本手話言語を、日本語と同等の言語として認知し、もってろう者が、家庭、学校、地域社会その他のあらゆる場において、手話言語を使用して生活を営み手話による豊かな文化を享受できる社会を実現するため、手話言語の獲得、習得及び使用に関する必要な事項を定め、手話言語に関するあらゆる施策の総合的かつ計画的な推進を図ることを目的とする。

ろう者は長い間、日常生活で使いこなしてきた手話を言語とは認められず、社会生活でさまざまな苦労を余儀なくされました。手話による情報の入手、そして手話による情報伝達の社会的制度が整わず、そのために社会参加の機会が十分に与えられなかったのです。

なかでも痛恨の極みは、ろう教育です。ろう学校では長らく手話は禁止され、あるいは無視されました。これはろう者の心理的発達、社会的地位の確立に大きな障害になりました。なにしろ、自分にもっとも適切な言語の教育がなされず、その使用が疎んじられたのです。

手話のかわりに、口話主義が主流をしめました。言語は話しことばであるとされ、どうしても話せるようにならなければならないと考えられました。話しことばは聞こえがあってはじめて可能になる、という事実は無視され続けました。

その結果、手話を拒絶されたろう児は、十分な言語発達を遂げることが困難になりました。そして、聞こえる子どもと比べ、学科でも後れをとることになったのです。手話で学科を学ぶことができなかったからです。

今からでも遅くはありません。今こそ、手話をろう者の正当な言語として公的に認知しなければなりません。手話は、ろう者の人権の一部なのです。聞こえる人が音声言語で得るさまざまな機会は、ろう者は手話でそれらを得る権利があるはずです。

このような観点から、新しい制度を備え、機会平等の社会を目ざす必要があります。ここに、手話言語法の意義があります。以下で、これに関連する２つの動きについて、簡単に見ておきましょう。

8-1　国連「障害者の権利に関する条約」

国連は2006年の第61回国連総会本会議において、「障害者の権利に関する条約」（Convention on the Rights of Persons with Disabilities、略称：障害者権利条約）を採択しました。これは、障害者の権利に関して多角的総合的に言及した条約で、2008年に発効しました。日本は2007年に、この条約に署名しました。ただし、批准は遅れ、2014年になり、同年日本で効力をもつようになりました。

ここでは、手話は音声言語と同等に扱われています。手話に関連したところを少しだけ、たどってみましょう。

前文では、この条約の根拠を次のように定めています。

この条約の締約国は、

1．国際連合憲章において宣明された原則が、人類社会の全ての構成員の固有の尊厳及び価値並びに平等のかつ奪い得ない権利が世界における自由、正義及び平和の基礎を成すものであると認めていることを想起し、

2．国際連合が、世界人権宣言及び人権に関する国際規約において、全ての人はいかなる差別もなしに同宣言及びこれらの規約に掲げる全ての権利及び自由を享有することができることを宣明し、及び合意したことを認め、

3．全ての人権及び基本的自由が普遍的であり、不可分のものであり、相互に依存し、かつ、相互に関連を有すること並びに障害者が全ての人権及び基本的自由を差別なしに完全に享有することを保障することが必要であることを再確認し、

（4、5、6、7省略）

8．また、いかなる者に対する障害に基づく差別も、人間の固有の尊厳及び価値を侵害するものであることを認め、

（9、10省略）

11. これらの種々の文書及び約束にもかかわらず、障害者が、世界の全ての地域において、社会の平等な構成員としての参加を妨げる障壁及び人権侵害に依然として直面していることを憂慮し、

（12－25省略）

以下の各条を承認するよう、「協定した」とあります。

この前文では、障害者の基本的人権は障害のない人のそれと違わないことが明記され、障害を理由にしたいかなる差別も認められないという立場を明確にしています。ただし、そのような差別は現在も続いており、その撤廃がさらに強く求められるとしています。ここに、障害者に対する社会障壁を個人の身体的障害にではなく、社会的差別に帰するという思想がにじみ出ているように思われます。

次に、各国が承認した各条で、手話に言及しているところを見てみましょう。

1.「言語とは、音声言語及び手話その他の形態の非音声言語をいう。」(第2条、定義)

2.「公的な活動において、手話、点字、補助的及び代替的な意思疎通並びに障害者が自ら選択する他の全ての利用しやすい意思疎通の手段、形態及び様式を用いることを受け入れ、及び容易にすること。」(第21条　表現及び意見の自由並びに情報の利用の機会)、かつ「手話の使用を認め、及び促進すること。」(同条)

3.「手話の習得及び聾社会の言語的な同一性の促進を容易にすること。」(第24条　教育)

4.「障害者は、他の者との平等を基礎として、その独自の文化的及び言語的な同一性(手話及び聾文化を含む。)の承認及び支持を受ける権利を有する。」(第30条　文化的な生活、レクリエーション、余暇及びスポーツへの参加)

そして、「締約国は、障害に基づくあらゆる差別を禁止するものとし、いかなる理由による差別に対しても平等かつ効果的な法的保護を障害者に保障する」(第5条　平等及び無差別)としています。

これで明らかなように、手話は言語として正式に認知されています。これにより、おくればせながらですが、ろう者は聞こえる人と同等の言語権を持つことになります。すなわち、ろう者は人間の生物学的特徴である言語のひとつとして、手話を獲得し(幼児期から手話に触れる環境を整え)、手話を学び(音声言語の「国語」のように)、手話で学び(手話が「学科」の教育媒体となり)、社会生活で手話を使いこなし、そして手話を大切にする権利をもつのです。

8-2　改正障害者基本法

日本はこの障害者権利条約を批准しましたが、それを実行するためにはいろいろと国内法を整備しなければなりません。それは今のところ、障害者基本法の一部を改正する法律(2011年)をよりどころにしています。

なお、これは改正障害者基本法と呼ばれています。この法律は、次のように、障害者は障害のない人と平等の権利を有することを明記しています。

「この法律は、全ての国民が、障害の有無にかかわらず、等しく基本的人権を享有するかけがえのない個人として尊重されるものであるとの理念にのっとり、全ての国民が、障害の有無によって分け隔てられることなく、相互に人格と個性を尊重し合いながら共生する社会を実現するため、…障害者の自立及び社会参加の支援等のための施策を総合的かつ計画的に推進することを目的とする。」（第一章総則第一条「目的」）

また、障害者を障害のために差別することを禁止し、次のように述べています。

「何人も、障害者に対して、障害を理由として、差別することその他の権利利益を侵害する行為をしてはならない。」（同第四条「差別の禁止」）

そして、この法律を実施する責任母体として、国と地方公共団体をあげ、次のように規定しています。

「国及び地方公共団体は、第一条に規定する社会の実現を図るため、前三条に定める基本原則（…）にのっとり、障害者の自立及び社会参加の支援等のための施策を総合的かつ計画的に実施する責務を有する。」（同第六条「国及び地方公共団体の責務」）

さらに、重要なことに、手話を言語として認めているのです。

「…全て障害者は、可能な限り、言語（手話を含む。）その他の意思疎通のための手段についての選択の機会が確保されるとともに、情報の取得又は利用のための手段についての選択の機会の拡大が図られること。」（同第三条「地域社会における共生等」）

ただし、手話について言及しているのはこれだけです。それでは、手話にかかわる施策をどう推進するかがはっきりしません。手話政策の論理を明記し、その実践の道筋を示すことが求められます。それが手話言語法の役割であると思われます。

手話言語法を早急に制定し、日本は今後どのように手話を支援するかについて、明確な指針を示すべきです。ろう者の手話は人類の知的文化的財産です。長い間、差別されながらも、ここまで持ちこたえました。

今こそ、支援の手をさしのべることが期待されます。手話は人間のもうひとつのことばなのです。ちなみに、WFD（世界ろう連盟）が2009年に公刊した調査報告（Haualand and Allen, 2009）（注1）によると、調査対象になった74カ国のうち、44カ国で手話は何らかの形で法的に認知されています。

憲法にそう記載している国は10カ国（フィンランド、ハンガリーなど）です。手話言語法を制定しているのは、ニュージーランドとハンガリーです。ニュージーランドはさらに、ニュージーランド手話を同国の「公用語」と制定しています。

8-3　日本の手話言語法案の内容

前述したように、日本の手話言語法案は、手話に関連したさまざまな分野・領域に広く言及しています。そして、ろう者が家庭、学校（初等中等高等教育）、職場、市民社会のさまざまな分野で、手話を自由に使い、それによって豊かなろう文化を育み、広く社会参加の機会を得ることを目ざしています。これが実現すれば、世界に類をみない、総合的な手話言語法になると思われます。そして、同様の法律の制定を企図する世界の国々に、明確な道筋を示すことになるでしょう。

特に興味深いのは、第5章18条に明記されている「手話言語審議会」の設置案です。「手話言語の発展、普及及び促進のため、国及び地方公共団体が実施する手話言語計画及び施策に係る主要事項を審議し、必要があると認めるときには、内閣総理大臣又は関係各大臣に対し、意見を述べるために、内閣府に手話言語審議会を置く。」とあります。

そして、手話言語審議会には、「手話言語を使用するろう者が構成する団体の代表」も構成員として参加することが規定されています。さらに、「手話言語審議会の議事録等は、手話言語及び日本語で記録され、手話言語の映像及び日本語により国民に開示される。」ことになっています。その他、手話言語研究所の設立や「手話言語の日」の指定なども求めています。

このように、日本の手話言語法案は、手話に関する基本的な問題を、根本的に解消することを目ざします。それは、国連障害者権利条約で示された理念を、日本で実行に移すための改正障害者基本法にとって、補完的役割を果たすものです。

これら2つの文書では、手話に関する具体的な対応は明記されていません。手話が言語であるという理念が認められているだけなのです。ですから、手話言語法を制定し、総合的な手話政策を示す必要があります。

ただし、現在の手話言語法案は上述したように、手話問題の多くの分野にわたり、対応施策諸案が詳細に提示されています。そのために、手話問題に不案内の人びとにとって、十分な理解に時間がかかるようです。

さらに、国会の審議を経るわけですから、そこでもまた時間がかかると予想されます。手話関係者は辛抱強く、説明と説得を継続する必要があります。それでも、地方自治体をみると、手話言語条例を導入している都市が増えています。これは注目すべき動向です。

8-4　手話言語条例：地方自治体の対応

事実、日本国最初の地方自治体による手話言語条例は、鳥取県で2013年に公布・施行されました。それは「鳥取県手話言語条例」と名付けられています。そこでは、「…手話が言語であるとの認識に基づき、…手話の普及のための施策の総合的かつ計画的な推進に必要な基本的事項を定め…」（第1条目的）と記されています。

そして、県、市町村、県民そして事業者の責務と役割が明らかにされています。これは、手話言語法案の要点を反映しており、ろう学校の手話使用についても、適切な言及があります。有意義な実践が望まれます。

その後、これに類するものとして、北海道石狩市「石狩市手話に関する基本条例」(2013年)、北海道新得町「新得町手話に関する基本条例」(2014年)、三重県松坂市「松坂市手と手でハートをつなぐ手話条例」(2014年)、佐賀県嬉野市「嬉野市心の架け橋手話言語条例」(2014年)、北海道鹿追町「鹿追町手話に関する基本条例」(2014年) が実現しています。

条例施行の予算措置についても、「講じる」、「(そう) 努力する」という記載があります。鳥取県 (人口57万弱) では、手話言語条例施行２年目の2014年には、手話およびろう者関係予算として、１億２千万円が計上されています (『日本聴力障害新聞』2014年10月１日号)。

このような地方自治体による手話言語条例は、今後ますます増えるものと予想されます。また、地方自治法の規定に基づき、手話言語法の制定を求める意見書の提出は、2016年３月３日までに、すべての自治体議会 (1,788議会) で採択されました。

手話関係者はこういった地方自治体と協力して、さまざまな手話問題の解決に積極的に参加すべきでしょう。同時に、手話の未来のための課題を認識し、その対応策を準備する必要もあります。そういった努力は、手話言語法の制定の原動力になるはずです。

ここで大切なことは、人間にとって、ことばはなにものにも代えがたい存在であるという、心底からの認識です。人間は自分のことばで生き、生かされるのです。次の洞察はこのことを如実に示しています。

「私がある人のことば (言語) にイエスと言うとすると、私はその人にイエスと言ったことになるでしょう。私がそれにノーと言うと、私はその人にノーと言ったことになります。なぜならば、ことばは個人の自己の一部だからです(注２)。」

この「ことば」を手話に置き換えると、問題の本質が鮮明になります。そして、手話言語法の意義もはっきりするのではないでしょうか。私たちは手話を人間のもうひとつのことばと考え、大切に育てていきたいものです。

(注１)

Haualand, Hilde and Allen, Colin. (2009). *Deaf People and Human Rights*. Helsinki, Finland: World Federation of the Deaf.

(注２)

上掲書 (p.22)

おわりに

本書をお読みいただき、もうひとつのことばの仕組みと働きが、お分かりいただけたと思います。ろう者は手話をこのような素晴らしいことばに仕上げてきたのです。私たちはこの努力を大いに賞賛したいと思います。手話は人間の証明なのです。

今や、多くの聞こえる人もろう者と共に、手話を学ぶ時代になりました。私たちは手をたずさえて、手話の表現力を高め、使用域を拡大していく必要があります。本書でもふれましたが、手話の表現システムはまだ十分に開発されていませんし、利用されていません。機能の拡大こそが、形式の充実をもたらすのです。

本書をきっかけに、手話をもっと勉強したいと思う方々には、『わたしたちの手話 学習辞典』Ⅰ・Ⅱをおすすめします。これには現在日本で使われている手話の多くが収録されています。これを使ってどんどん語彙を増やしてください。

もちろん、これらに収録されていない手話は、たくさんあります。ろう者の手話をよく観察してみましょう。「吹けば飛ぶような」はどうやっていますか？「とんでもない」は？「茶々を入れる」は？また、日本語にしにくい手話も、いろいろあります。

本書の趣旨に沿って、手話のさまざまなテーマを深めたいと願う方々には、髙田英一（2003）『手話の森を歩く』（全日本ろうあ連盟出版局刊）と松本晶行（2001）『実感的手話文法試論』（同上）をおすすめします。全国手話通訳問題研究会（編）の『手話を学ぶ人たちの学習室』シリーズ（文理閣刊）と日本手話研究所（編）の専門誌『手話・言語・コミュニケーション』（文理閣刊）も参考になるでしょう。ぜひ、ご一読いただき、手話への理解を深めていただければ幸いです。

手話の発展を祈りつつ

著者

2017年6月記す

【著者紹介】

本名信行（ほんな　のぶゆき）

青山学院大学国際政治経済学部教授を経て、現在同大学名誉教授、ならびに文京学院大学客員教授。その間、米国、シンガポール、オーストラリアなどの高等教育機関で客員教授。専門分野は、国際言語としての英語、異文化間リテラシー、言語意識、言語監査、非言語伝達、手話コミュニケーションなど。日本「アジア英語」学会会長 (2000-2009)、国際異文化間コミュニケーション研究学会 (IAICS) 会長(2007-2009)、中央教育審議会外国語専門委員 (2003～2010) などを歴任。主な著書に『世界の英語を歩く』(集英社新書、2003)、『国際言語として英語』(冨山房インターナショナル、2013)。手話に関する著書・論文は「手話という言語　手話言語法案をめぐって」(2015) など多数。全日本ろうあ連盟顧問、全国手話研修センター理事。2017年全日本ろうあ連盟より厚生文化賞を授与される。

加藤三保子（かとう　みほこ）

豊橋技術科学大学総合教育院教授。専門分野は、社会言語学、手話言語学、非言語コミュニケーション、異文化間コミュニケーション。全国手話研修センター 日本手話研究所 外国手話研究部長 (2002-2015)、日本「アジア英語」学会理事 (1997－2007)、グローバル・ヒューマン・イノベーション協会理事 (2012－現在)。手話に関する主な論文に「日本の手話　新しい展開を求めて」(共著、1994)、「北欧の聴覚障害児子育て法」(2002)、「聴覚障害者のことばと文化を視野に入れた異文化間教育」(2008)、「企業と手話コミュニケーション　少数者の言語権を視野に」(2012)、「ろう者と手話—日本と中国の手話事情」(共著、2013) などがある。

手話を学ぶ人のために
～もうひとつのことばの仕組みと働き～

発行日	2017年8月15日　初版発行
	2017年10月19日　第2版
	2023年2月15日　第3版
著者	本名信行
	加藤三保子
発行	一般財団法人全日本ろうあ連盟
	〒162-0801　東京都新宿区山吹町130　SKビル8階
	Tel　03-3268-8847　　Fax　03-3267-3445
	https://www.jfd.or.jp
印刷・製本	日本印刷株式会社
	ISBN978-4-904639-16-0　C0037　¥1600E

定価はカバーに表示してあります。
落丁・乱丁本はお取替えいたします。